I

IGLESIA CON ENFOQUE EN EL REINO

CÓMO ENFOCAR LO QUE ESTÁ FUERA DE FOCO

LA IGLESIA CON ENFOQUE EN EL REINO

Cómo enfocar lo que está fuera de foco

Gene Mims

ISBN 0–8054–3047–4

Publicado por Broadman & Holman Publishers
Nashville, Tennessee, 37234

Clasificación decimal Dewey: 262.7
Clasifíquese: IGLESIA BÍBLICA \ RENOVACIÓN DE LA IGLESIA \
REINO DE DIOS

Publicado originalmente en inglés con el título
The Kingdom-Focused Church,

Publicado por Broadman & Holman Publishers

Traducción al español: Guillermo Martínez

Tipografía de la edición castellana:
A&W Publishing Electronic Services, Inc.

Impreso en los Estados Unidos de América

1 2 3 4 5 08 07 06 05 04

Índice

PREFACIO

AL ESCRIBIR ESTAS PALABRAS ME ESFUERZO para no distraerme con un sereno paisaje de las montañas de Carolina del Norte. Mi esposa y yo estamos pasando unos días en una cabaña escondida en las montañas, lejos del frenético ritmo de vida de Nashville. Pensé que al venir aquí podría concentrarme mejor para escribir, pero no es así. Todo el tiempo me siento tentado a mirar el paisaje por las ventanas o a detenerme para escuchar el canto de las aves.

Sin embargo escribir no solo me significa un esfuerzo por la distracción de lo que me rodea. Estoy sumamente preocupado por lo que he observado durante los últimos años en las iglesias que he pastoreado, o a las que he concurrido, colaborado como pastor interino o servido como consultor, y también por lo que me han comentado mis amigos. Me parece que, a medida que los cambios se instrumentan con mayor rapidez alrededor del mundo, las iglesias, los pastores, los líderes y los expertos luchan por descubrir la mejor manera de convenir y de combinar esfuerzos para que las iglesias locales puedan cumplir la Gran Comisión y a la vez enriquecer la vida de los creyentes de tales congregaciones.

Seamos realistas... En la actualidad la iglesia es un lugar tan difícil como sensacional, e incluso a veces confuso. Lo digo con profundo afecto y alta estima por las iglesias y los pastores. No tengo la intención de que se me identifique con la creciente muchedumbre que se complace en criticar a la iglesia y encima se gana la vida con eso. Casi todos los que así obran tienen escasa experiencia en el liderazgo satisfactorio en las iglesias o tienen problemas espirituales profundos aún sin resolver.

Creo que podríamos desempeñarnos mejor en estos tiempos de cambios rápidos. Sin embargo, este libro no trata del cambio. No se ocupa de métodos ni de técnicas. Tampoco responderá todas las preguntas que usted pueda tener sobre adoración, predicación, discipulado o grupos pequeños. El tema de este libro es cómo lograr tener un enfoque, y en especial *el enfoque en el reino*. Creo que muchas de nuestras iglesias y muchos de nuestros líderes no tienen el enfoque correcto.

No quiero decir que los líderes no estén al corriente de la situación. Muchos de ellos comparten con regularidad las experiencias cotidianas de la congregación, y así observan toda clase de dilema, lucha, victoria, alegría y pena. No creo que los líderes carezcan de un verdadero llamado ni que sean débiles de carácter. Salvo escasas excepciones, casi todos los pastores y los líderes de iglesia que conozco responden a un llamado auténtico y ostentan un carácter íntegro. Tampoco creo que el problema se trate de metodología o estilo. Casi todos los líderes que conozco son individuos creativos, bien informados y confiables.

Creo que el problema consiste en *el enfoque*. Si carecemos de un enfoque en el reino en nuestro trabajo, la deficiencia se nota en todas partes. Aunque nuestro nivel de actividad sea sin precedentes, nuestros resultados no son los que esperamos. Tenemos más métodos, estilos, grupos pequeños, conferencias, materiales y programas que nunca antes, pero nos falta un enfoque fundamental.

Esta falta de enfoque no se debe a la falta de intenciones. Por el contrario, puedo observar excelentes intenciones, excelentes sueños, excelentes planes y excelentes demostraciones de valentía y determinación. No obstante, muchos de nuestros líderes y sus iglesias no tienen el enfoque correcto... y el costo es altísimo.

Jesucristo vino al mundo para cumplir la obra del Padre de salvar del pecado a la humanidad. Vino a vivir su vida y a entregarla para que pudiéramos obtener la salvación y disfrutar de una vida abundante. Estableció aquí la iglesia a la cual llamó para cumplir lo que Él comenzó en el mundo. Dio a los creyentes la Gran Comisión para que siempre supiéramos qué hacer. No dejó ninguna duda sobre lo que había que *hacer*, pero dejó en nuestras manos determinar *la manera de hacerlo.* Todas las iglesias y los pastores que conozco reconocen la importancia de la Gran Comisión. Es la declaración por excelencia de la fe cristiana que siempre se destacará en todo tiempo y lugar.

Sin embargo, la Gran Comisión no constituye el enfoque que debemos dar a nuestra vida ni a nuestra obra; ni siquiera fue el enfoque de la vida de Cristo. Tampoco lo fue el crecimiento de la iglesia, el discipulado, la evangelización, el ministerio, la predicación ni la enseñanza. En tanto que todos estos elementos son esenciales para cumplir la Gran Comisión, el Señor puso su enfoque en una sola cosa… *¡el reino de Dios!*

Quisiera apresurarme a agregar que el reino de Dios no es un ingrediente necesario que se agrega a las demás cosas recién mencionadas. El reino de Dios es *el ingrediente fundamental* al cual agregamos la Gran Comisión, la evangelización, el discipulado, la comunión, el ministerio y la adoración. Todo lo bueno que hacemos en la iglesia tiene sentido sólo a la luz del reino de Dios.

El reino de Dios es su divino reinado en el mundo actual. El reino constituye la realidad suprema y el accionar soberano de Dios en el universo. Esto se expresa en la verdad transformadora de que Jesucristo reina sobre todas las cosas y se hace evidente en la obra sobrenatural de Dios en los creyentes de las iglesias locales y a través de ellos. El reino de Dios tiene que ser el enfoque vital y central que cada persona debe procurar y con el cual debe alinearse a fin de conocer la vida absoluta y abundante que Dios creó para que la experimentemos en Cristo.

Si pudiéramos ver a nuestras iglesias como parte vital de la actual obra de Dios en el universo, eso cambiaría gran parte de lo que hacemos y de lo que dejamos de hacer a la vez que nos daría confianza y orientación. Necesitamos un enfoque en el reino para hacer frente a los desafíos de un mundo que cambia con rapidez. Lo necesitamos para comprender mejor el mundo en que vivimos y comprender hacia dónde va. Sin ese enfoque, andaremos a los tumbos de programa en programa, de desilusión en desilusión y de tendencia en tendencia. Mientras tanto, nuestras iglesias sufren y nuestros hermanos se ven sumidos en el pecado y en luchas espirituales.

Admitamos que una iglesia es una comunidad de creyentes del reino que se congrega en cierto lugar con una relación fraternal dinámica bajo el señorío de Cristo. Dicha comunidad tiene un propósito claro. Cumple la función pro reino más importante de cualquier institución en la tierra. Nada supera al reino de Dios. Y para ese reino en la tierra, nada es más importante que la iglesia. Por esta razón, los pastores y las iglesias son esenciales para la obra del reino.

Con un enfoque en el reino, toda iglesia puede florecer y lo logrará. Una iglesia con enfoque en el reino tendrá fortaleza para superar los tiempos de dificultades y cambios. En tiempos inciertos, tendrá certidumbre. Perseverará con confianza en la obra de Dios. Prosperará aún cuando se malogre el vecindario en que se encuentra y cuando las circunstancias empeoren. Una iglesia con enfoque en el reino constituye una herramienta poderosa que usa el Señor para cumplir sus propósitos divinos.

Si lo que digo es cierto (y, en verdad, lo es), ¿por qué entonces nuestras iglesias no florecen, no tienen certidumbre ni prosperan en tiempos difíciles? La respuesta depende por sobre todo del desarrollo de un enfoque en el reino.

Capítulo 1

EN BUSCA DE LA IGLESIA PERFECTA

ERNESTO ES UNO MÁS DE LOS TANTOS pastores que surgen en las iglesias. Por varios años se desempeñó con eficacia y la iglesia que pastorea en la actualidad tiene un gran potencial. En efecto, el crecimiento de la iglesia es tal que le resulta difícil mantenerse al corriente de todo lo que sucede. Cuando comenzó su ministerio en una congregación más pequeña, luchó para administrar el tiempo y compensar la falta de recursos. Siempre pensó que las bendiciones del Señor y el éxito le harían la vida mucho más fácil, pero no fue así.

Ernesto se ha involucrado de lleno con el llamado y la obra. Ama a su congregación y desea hacer lo que haga falta para que los creyentes crezcan en el Señor y lo sirvan de corazón. Sin embargo, en este último tiempo ha comenzado a sentir una presión inexplicable. Pareciera que siempre le escasea el tiempo para participar en todo lo necesario, y sus planes diarios se ven interrumpidos por crisis inesperadas. Es plenamente consciente de que dedica poco tiempo a la familia pero se siente tironeado por ambos lados.

Es la mañana de un lunes y Ernesto está sentado en su oficina. Las actividades del domingo lo dejaron cansado. Cualquiera se agotaría si tuviera que predicar, dedicarle tiempo a la congregación, participar en dos importantes reuniones de comité y hacer una breve visita al hospital.

Encima de todo eso, celebró una boda el sábado con el ensayo del viernes incluido. Apenas si le quedó tiempo para el encuentro de fútbol de su hijo y el primer juego de béisbol de su hija.

El lunes no es un día fácil porque la agenda de esta semana está tan completa como la precedente. Si sus compromisos personales aún no representan para él una pesadilla, por cierto que lo será el calendario de la iglesia. Con la suma de ambos, se le avecina un caos.

Esta situación no es inusual en la vida de un pastor. Ernesto experimenta algo bastante común que lo obliga a tomar una decisión. Aún no lo sabe, pero es probable que los próximos meses determinen cómo será la salud espiritual y el rendimiento tanto de Ernesto como de su congregación durante los próximos diez años.

Ernesto *puede* optar por hacer muchas cosas, pero *debe* hacer algo crucial: descubrir el enfoque correcto para él y su iglesia. Se le presenta una superabundante diversidad de actividades, ministerios, oportunidades y desafíos. Todos los pastores y todas las iglesias se enfrentan a lo mismo. Además, lo que casi todos tienen en común es una falta de enfoque que impide la transformación espiritual eficaz de los creyentes y sus ministerios.

Sentado frente al escritorio, mientras se cuestiona las posibilidades de su vida, su futuro y su verdadera eficacia ministerial, la mente de Ernesto devaría hacia una idea, peligrosa pero contemplada con frecuencia. Se pregunta si la iglesia con la que hace poco tuvo contacto podría ser la iglesia perfecta para él. Razona que tal vez este sea el momento de tomar una decisión y que ese podría ser el lugar. Sin dudas, la iglesia perfecta le permitiría alcanzar su potencial máximo. La iglesia perfecta…

Si usted es pastor, o si es miembro de una congregación que ha pensado mucho en lo que debería ser su iglesia y ha orado por eso, también usted tiene un enfoque de "la iglesia perfecta". Desde luego, la idea que cada uno tiene de lo que es la iglesia perfecta es bien diferente. Algunas se congregan en enormes auditorios mientras otras adoran en pintorescos santuarios de madera. Una influye de manera decisiva en el vecindario y otra sostiene a un ejército de misioneros en cada rincón del mundo. Una presenta a estrellas de la música cristiana contemporánea y otra ostenta el mejor órgano de tubos que se pueda comprar.

Más allá de las diferencias externas, las iglesias perfectas tienen en común ciertas características esenciales. Están repletas de personas apasionadas por Cristo, que dejan de lado el egoísmo, los intereses políticos y los compromisos personales para glorificar a Dios y cumplir el propósito que Él ha elegido. Son iglesias que tratan con respeto a sus pastores y les pagan salarios justos. Son iglesias que ofrendan con generosidad, evangelizan de manera incansable y enseñan la verdad. Son motivo de alegría y bendición para los miembros y las visitas, y un faro resplandeciente en la comunidad a la que sirven con tanta fidelidad.

Además, todas las iglesias perfectas tienen otra cosa en común: no existen.

Nos conviene, entonces, ser realistas desde el principio: no hay tal cosa como una iglesia perfecta. Tal vez usted argumente: "Un momento... ¡sé donde hay una iglesia perfecta!" No obstante, la iglesia perfecta que tiene en mente será aquella a la que se está por incorporar, o la que busca, o aquella a la que perteneció cuando era niño. O quizás sea aquella en la que se casó hace años o la que usted y otros hermanos en la fe piensan fundar en el verano, tan pronto comiencen las vacaciones escolares...

La iglesia perfecta es una fantasía que existe en nuestra imaginación, es una imagen idealizada que requiere inalcanzables criterios de armonía y unidad de pensamiento. Y si, por milagro, tropezáramos con la iglesia perfecta y nos incorporáramos a ella, entonces dejaría de ser perfecta porque nosotros seríamos miembros de ella, ¡y no somos perfectos!

Todas las iglesias son imperfectas porque están constituidas por personas imperfectas que producirán resultados imperfectos. Así ha sido desde el comienzo. Pablo recordó a los efesios que la iglesia era la esposa de Cristo, pero que les convenía cuidarse de lo que ellos como iglesia pensaban. Entre las filas de la antigua iglesia de Corinto había profundos problemas de inmoralidad, y en la iglesia de Tesalónica había miembros que no moverían ni un dedo para servir a la causa de Cristo.

¿Le suena conocido?

La iglesia no es una fortaleza en medio de la comunidad, sino una puerta abierta de par en par por la cual entran personas que se abren paso a codazos con sus características culturales, sus prejuicios, su pecado, sus neurosis, su experiencia personal y todo su bagaje. Los miembros traen a la iglesia su naturaleza pecaminosa, del mismo modo en que la llevan al banco o al supermercado. Los pecadores son inseparables de su pecado. Tal vez nos comportemos de la mejor manera posible en la casa del Señor, pero en uno u otro momento, a todos nos saldrá esa naturaleza a la superficie.

Y así, la iglesia que usted pastorea es el lugar desde donde un diácono huye a escondidas con la secretaria de la oficina, o donde un seminarista pasante tiene una aventura romántica con aquella hermosa mujer que canta en el coro. Las parejas casadas se divorcian, las jovencitas quedan embarazadas y los estafadores terminan con una sentencia de tres a cinco años. Es el lugar donde la vida transcurre. Es también el lugar donde se enriquece la fe, y donde se pide y se recibe el perdón. Es donde las personas llegan con sus pecados e invocan el poder de Cristo en su vida. Si nunca nadie hubiera pecado, nadie habría necesitado jamás de la iglesia.

Hay una espectacular diferencia entre la iglesia del reino, la cual es perfecta, y la iglesia local, que es desastrosa. Quizás sea esa la razón por la que durante más de 30 años en el pastorado he pasado tanto tiempo con el pensamiento puesto en la iglesia que yo *no* tenía. Esperaba que, tarde o temprano, tendría la oportunidad de consolidar una iglesia alineada con el ideal del reino… ¡si tan solo los miembros hubieran dejado de molestarme y me hubieran permitido ocuparme de eso!

Casi todos los días estoy en contacto con pastores de diversas partes del mundo. Muchos son jóvenes y prometedores, pero están frustrados con su trabajo y se sienten sumamente desanimados. Intentan edificar la perfecta iglesia del reino con elementos mundanos imperfectos, entre los que se incluyen ellos. No pueden explicarse por qué la fórmula no funciona. Concentran la atención en lo que necesitarían cambiar… Tal vez el estilo de la predicación o los ya ancianos en el comité de adoración.

Volvamos por un momento a nuestro dedicado y exhausto amigo, el pastor Ernesto. Lee libros, concurre a seminarios y navega por Internet en su búsqueda desesperada de respuestas. Nada parece ser "la" solución, pero al final recoge un par de ideas nuevas y las ensaya. A nadie le gustan los cambios y, para peor, el culto dura diez minutos más, y ahora los miembros de la otra iglesia llegan más temprano a la pizzería de la esquina. Entonces Ernesto prueba otra idea. Esta vez lo hace sin entusiasmo porque en realidad no cree que funcione esa innovación en particular, pero piensa que cualquier cosa será mejor que quedarse con la rutinaria manera en que siempre se hace todo.

Es así que con demasiada frecuencia Ernesto y sus pastores colegas pierden el rumbo en medio de una avalancha de consejos, programas, prototipos, metas conflictivas, agotamiento y desesperación. Terminan atrapados, impotentes y desorientados. ¿Es acaso culpa de ellos mismos? ¿No tienen las aptitudes básicas para ser líderes de una iglesia? ¿Será hora de escaparse del ministerio e inscribirse en algún curso de capacitación vocacional para ganarse la vida de otra manera?

Claro que no. Lo que en realidad necesitan es reconocer y comprender algunos fundamentos de la naturaleza esencial de la iglesia. Se trata de ideas tan sencillas que es fácil pasarlas por alto, pero tan colosales que pueden transformar a un pastor desanimado y exhausto en el líder poderoso y eficaz de su congregación.

En primer lugar, como ya lo hemos visto, *no hay iglesia perfecta*. Si usted busca una, procura encontrar algo que no existe sobre la tierra, si bien es cierto que tanto las iglesias como los pastores deben esforzarse por alcanzar tanta perfección como sea posible. Al admitir que ninguna iglesia es perfecta, nadie le da a usted permiso para encogerse de hombros y contentarse con que "todos somos pecadores y hacemos lo que podemos".

Si fuéramos perfectos, no necesitaríamos de las iglesias, pero no lo somos y entonces las necesitamos. Es más, las necesitamos más que nunca. Durante la última generación, las familias y las comunidades se fragmentaron como nunca antes en la historia. Ya no tenemos parientes y vecinos que defiendan a los pastores como antes. Los divorcios y el nacimiento de hijos ilegítimos se experimentan a niveles catastróficos y así echan leña al fuego de la inestabilidad cultural y la incertidumbre que amenaza el presente y oscurece el futuro.

La gente necesita algo en qué creer, algo superior. Y si la iglesia no les presenta el mensaje de que Cristo nos ama y murió por nosotros, la sed espiritual de tales personas se saciará en la herejía de la Nueva Era, el ocultismo, el islamismo, el mormonismo o alguna otra religión falsa. Si las personas no llegan a conocer al Dios verdadero, se conformarán con alguna otra cosa.

En resumen, la pecaminosidad impide que la iglesia de Dios sea perfecta. Y por esa misma pecaminosidad es imprescindible que usted no se dé por vencido, sino que siga en el pastorado, que cumpla con su servicio y que contribuya en el crecimiento de la iglesia imperfecta que tiene.

La segunda idea básica de la iglesia es: *la única iglesia que usted puede cambiar es aquella en la que brinda su servicio*. No podrá desarrollar un plan efectivo para mejorar su iglesia actual si a la vez está concentrado en un plan de escape, si suspira por la iglesia que imagina, o si añora la que dejó hace años.

Usted necesita evitar la tentación de decir "se supone que la iglesia tiene que ser así...", o "necesito estar en una iglesia que tenga...". Debo admitir que, con el paso de los años, yo mismo dije esas cosas varias veces. "¡Pensé que la iglesia es un lugar donde las personas conviven en armonía!" Bien, se supone que lo sea, pero no siempre es así. Los conflictos, las opiniones y las intenciones ocultas se cultivan en cada banco del templo, y al pastor se le encomienda la responsabilidad de, pese a todo, seguir adelante como sea.

Su iglesia no es la que usted desea sino la que tiene. No es la iglesia "apacible" que fundará el próximo verano ni la que experimentó el año pasado, sino la iglesia del aquí y el ahora. Además, su iglesia no es excepcional como la Willow Creek en Illinois o la Saddleback en California (megaiglesias con más de 100 ministerios y a las que suelen asistir 20.000 miembros los fines de semana), que son congregaciones prominentes y de gran influencia a las que muchos pastores contemplan con melancolía o quizás hasta con envidia, y exclaman: "¡Vaya! ¡Tenemos que ser como ellos! ¡Miren qué bien les va! Adoptemos su estilo de adoración, sus programas misioneros y su estrategia publicitaria". Así reaccionan de manera súbita e intempestiva y devoran el libro del pastor Bill Hybels sobre la iglesia de Willow Creek y el del pastor Rick Warren sobre la iglesia de Saddleback, para analizarlos en busca de soluciones para sus ministerios enmohecidos.

Sin embargo, lo que olvidan esos pastores con buenas intenciones es que la mayoría de ellos no pastorea en el sur de California, donde se encuentra la iglesia de Saddleback, ni en los suburbios de Chicago, donde se domicilia la de Willow Creek. El conjunto de necesidades, dones, recursos, oportunidades, expectativas y limitaciones para trabajar que tienen esas iglesias son por completo diferentes. Si Dios deseara que aquellos pastores reprodujeran con exactitud el modelo de iglesia que es Saddleback o Willow Creek (o cualquier otra iglesia destacada, dinámica e influyente), les habría dado lo que dio a los miembros y a los líderes de esas congregaciones tan renombradas.

Dios encomendó un conjunto de herramientas a esas congregaciones, y ellas hicieron lo mejor que pudieron con eso. Usted no debiera quejarse porque Dios le ha dado herramientas diferentes, sino que su tarea consiste en edificar la mejor iglesia posible con las herramientas que tiene. Theodore Roosevelt fue un héroe militar, un conservador, un cristiano consagrado y un hombre que llegó a ser presidente de los Estados Unidos siendo muy joven. Él resumió este concepto de la mejor manera al recomendar: "Haz lo que puedas, con lo que tengas, allí donde estés".

La tercera idea básica de la iglesia nos lleva a la razón principal por la que se escribió este libro: *toda iglesia exitosa es una iglesia con enfoque en el reino*. Las congregaciones tropiezan en su marcha y los pastores sufren fracasos vocacionales porque, en lugar de concentrarse en el reino de Dios, procuran concentrarse en otra cosa (o en muchas otras cosas).

El enfoque desviado que incapacita a tantas congregaciones no es resultado de la pereza, la incompetencia ni la malicia. En general, los líderes y los miembros de las iglesias se esfuerzan mucho y oran por su iglesia con sinceridad, pero son objeto de interrupciones y distracciones. Tienen la atención dividida entre una gran diversidad de metas. Los recursos se ven fraccionados en una creciente cantidad de ministerios. Y al final, por procurar ir en varias direcciones al mismo tiempo, no van a ninguna parte.

¿Ha oído algo así antes? ¿O tal vez lo ha experimentado en carne propia como me pasó a mí? Cuando la iglesia no sabe adónde va, no tiene manera de determinar si cierto ministerio o programa en particular contribuirá para llegar a la meta. ¿Alguien ha sido llamado a los ministerios urbanos? ¡Entonces comencemos un ministerio urbano! ¿Acaso el pastor de los jóvenes siente una carga misionera por alguna ciudad o región en particular? ¡Entonces enviemos a los jóvenes allí! Cualquiera que pueda proponer un proyecto en forma convincente y conseguir los recursos puede poner un ministerio en marcha... ¿Pero para qué fin? *¿Por qué?* Si usted no sabe adónde va, no podrá determinar si marcha en la dirección correcta. No podrá saber si un ministerio fortalece o debilita a su iglesia. Si no se ha propuesto la meta correcta, siempre le errará al blanco.

En la oración modelo, Jesús nos enseñó a decir: "Venga tu reino. Hágase tu voluntad, como en el cielo, así también en la tierra" (Mat. 6:10). Con frecuencia descubro que me aferro a esa idea. El reino de Dios que está en el cielo es perfecto y oro para que la perfección celestial divina también sea nuestra en la tierra. Anhelo el momento en que así sea. Sin embargo, después tengo que arremangarme la camisa e ir a visitar a la abuela de alguien en el hospital o aconsejar a una pareja que está considerando divorciarse.

En una ocasión me tocó pastorear una iglesia en un vecindario desagradable. Un día llamó a mi puerta un agente de policía. Cuando abrí, me dijo:

—Tenemos que llevarnos un asiento del autobús de su iglesia a la estación de policía. —Era lo último que esperaba que me dijera.

—Está bien —respondí—, pero, ¿para qué?

—Recién violaron a una niña sobre ese asiento.

Fue en el estacionamiento de la iglesia. A 30 metros [yardas] de la puerta de mi casa. Eso no es el reino, pero es el lugar donde están las iglesias y donde es necesario que estén.

En esa ocasión me cuestioné si no era tiempo de que Dios me sacara de ese lugar y me llevara a una iglesia agradable, en una zona residencial, con mejor salario, un automóvil nuevo, etc. Luego me di cuenta de que yo estaba donde Dios quería que estuviera y debía hacer lo que Dios quería que hiciera.

La iglesia del reino, la iglesia perfecta, solo está en el cielo. Sin embargo, cada iglesia debe tener la mira puesta en la perfección del reino y trabajar en tal sentido. Todas las iglesias deben tener el enfoque en el reino; es lo que sucede con toda iglesia exitosa.

Si su iglesia tiene el enfoque en el reino, usted está en una iglesia cuya forma y dimensiones serán decididas por Dios. Una vez que reconozca lo que eso significa, en lugar de correr tras cualquier programa o seminario de métodos que le venga a la mano, o de procurar copiar lo que funciona en alguna célebre "megaiglesia", solo porque funcione allí, podrá centrar la atención en el camino que tiene por delante. Es evidente que un rumbo será mejor que otro porque usted sabrá adónde va. En vez de avanzar en medio de la niebla, verá las señales de la carretera con claridad.

Cuando su iglesia tiene el enfoque en el reino, la meta es más importante que los métodos. Uno deja la búsqueda frenética de ese programa excepcional para la escuela dominical y se concentra en el destino final para uno mismo y para los miembros de la congregación.

El enfoque en el reino para una iglesia debe provenir desde afuera de la congregación, nunca desde adentro. Esto se debe a que el enfoque de toda iglesia con éxito proviene del Dios del universo, del cielo, de su divina presencia y su eterna soberanía. Es un enfoque en el reino porque procede del Rey, y está respaldado y facultado por Él.

La iglesia con enfoque en el reino es la que encuentra su pleno significado en el corazón de Dios y en su divino accionar para con nosotros, los que estamos en la tierra. Es más amplia que nuestro entendimiento pero no más que nuestra experiencia. Es tan majestuosa como el cielo en una clara noche de verano pero tan común como un culto de adoración del domingo. Una iglesia con enfoque en el reino llega a alturas que por sí misma no puede alcanzar y se inclina para rescatar a las personas de las profundidades del pecado que reprueba. Es una comunidad de santos comunes que Dios utiliza para lograr cosas extraordinarias. Es la perfecta combinación que Él hace del cielo y la tierra.

La iglesia con enfoque en el reino cambia en forma constante en todo sentido, excepto en su naturaleza y su función. Cada vez que alguien se une a la iglesia o se va de ella, esta se transforma en un lugar diferente. Este tipo de iglesia tiene una visión "bifocal", pues mira tanto hacia arriba, al cielo, como hacia abajo, a la tierra. Está constituida por santos que miran con reverencia al Señor y con comprensión a los demás seres humanos que con ellos se congregan.

A diferencia de otros libros que usted pueda haber leído sobre la vida y la función de la iglesia (y estoy seguro de que, como yo, habrá leído muchos), este apunta directo a la esencia de lo que debe comprender cada creyente sobre la naturaleza y la función de la iglesia. Mi propuesta más osada en cuanto al pensamiento convencional sobre cómo edificar una iglesia sana es este: usted nunca descubrirá el significado completo de la iglesia ni la senda hacia una iglesia sana y triunfante en los métodos, las conferencias ni en las presentaciones de proyectos. Usted solo comprenderá de manera cabal cuál es la fuerza vital y la misión de la iglesia en el corazón de Dios y en la voluntad de Él para su vida.

Me encantan las nuevas ideas, en especial las nuevas ideas que funcionan, pero muchas veces me frustré como pastor o como líder de una iglesia con nuevas ideas que no funcionaron cuando las puse en práctica.

Si su experiencia con seminarios, conferencias o cuadernos de trabajo es de alguna manera similar a la mía, es probable que haya adoptado de inmediato las ideas de diversos programas solo para desilusionarse cuando no funcionaron en su congregación. En realidad, muchas veces al concluir una conferencia o al terminar de leer el último libro publicado sobre crecimiento y salud de la iglesia, he reaccionado con desconfianza hasta advertirme:

"¡Y no se te ocurra intentarlo cuando regreses!"

En otras palabras, puedo entender si se siente escéptico. Tal vez haya en su interior una vocecita de advertencia de que este libro será como todos los demás.

No se preocupe; este libro es diferente. El mensaje es diferente: las respuestas que usted busca no se encuentran ni se encontrarán jamás en el éxito, las ideas, los métodos ni los modelos de otra persona. La respuesta consiste en conocer el modelo bíblico de una iglesia y comprender cómo adaptar la iglesia a ese modelo bíblico, sea cual fuere el tamaño, la ubicación, los recursos, la historia o cualquier otra variable. Consiste en comprender dónde está usted, con qué rumbo necesita marchar y cómo reparar las cosas que se rompan en el camino.

No nos engañemos, en el mundo ya hay muchas iglesias que no funcionan. Las personas entran y salen sin comprender jamás lo que es una iglesia local o cómo se supone que debe funcionar según el plan del reino de Dios. Los métodos y los programas son inútiles sin una comprensión bíblica fundamental de la iglesia.

Si usted ha trabajado en la viña por suficiente tiempo como para haberse desanimado y se ha esforzado mucho en lo que no funciona, espero que pueda dedicar tiempo para leer este libro con atención y oración. Espero también poder compartir ciertas cosas que tal vez haya oído antes pero en las que no se ha detenido a pensar. Es mi deseo que pueda relacionarse con algunas ideas útiles y conceptos que tal vez se alejen mucho del pensamiento convencional y conocido sobre el crecimiento de la iglesia.

De modo que lea este libro hasta el final y luego vuelva a leerlo. Hágalo por capítulos, o por partes de un capítulo, hasta que haya absorbido y comprendido por completo todo lo expresado aquí. Le prometo que al leer se sentirá animado y que al recorrer estas páginas estará más seguro de qué necesita hacer para edificar una iglesia con enfoque en el reino.

Por sobre todas las cosas, lo exhorto a permitir que el Señor use lo que usted aprenda de este libro a fin de que cambie para siempre su percepción de la vida de la iglesia.

Si su iglesia no es lo que podría ser, al constituirse en una "iglesia con enfoque en el reino" usted obtendrá todo lo necesario para alcanzar el máximo potencial. Cualquier otra opción lo conducirá a un confuso e interminable menú de programas que, con mayor frecuencia de lo esperado, perjudican más de lo que ayudan pues le impiden concentrarse en el enfoque, la naturaleza y la misión de la iglesia que Dios planeó para usted.

Espero que continúe con la lectura para descubrir por qué el enfoque en el reino dará resultados cuando todo lo demás falle.

Capítulo 2

La iglesia que funciona

Un escepticismo saludable es algo bueno ya sea referido a la búsqueda de nuevas maneras de edificar una iglesia o a cómo hacer goles de media cancha. Un estudio que he considerado afirma que el 87% de todos los programas de reorganización institucional fracasa por completo dentro de los dos primeros años.

Aunque se trate de una gran empresa comercial, una agrupación sin fines de lucro, una iglesia u otra cosa, con demasiada frecuencia es la misma historia. El liderazgo de la organización consigue un nuevo modelo o programa operativo que promete eliminar la frustración, la ineficiencia y el habitual malgasto de recursos.

Y así los líderes concurren a retiros y seminarios donde participan en grupos de análisis y almuerzos de trabajo, leen el material impreso y compran toda clase de artículos con el logo del seminario. De tanto en tanto descubren opciones que funcionan. Sin embargo, casi nunca encuentran nada. Es posible que experimenten un entusiasmo renovado por un tiempo, un nuevo espíritu de equipo, etc. No obstante, esas buenas sensaciones suelen disiparse en breve y les queda apenas algún rastro de esperanza mezclado con harto conocidas sensaciones de frustración y derrota.

El mayor problema planteado por el 87% de los programas que fracasan es que centran la atención en los métodos y los procedimientos en lugar de hacerlo en los resultados. Tal vez usted haya cambiado de caballito, pero descubrirá que sigue dando vueltas en el mismo carrusel. El éxito nos llega cuando tenemos una visión clara de lo que Dios desea de nosotros. Las metas que nos fijamos y todo lo que hacemos es para lograr los mejores resultados. Lo que se presenta en este libro *funcionará* porque se ocupa del rumbo y el enfoque en lugar de la implementación. El propósito es darle a conocer dónde está parado y no un itinerario.

Este libro explica cómo ajustar la mira para llegar a ser una iglesia con enfoque en el reino. El método que necesita usar para lograrlo dependerá de cada congregación y de lo que Dios desee hacer a través de usted. No pierda tiempo en aplicar soluciones genéricas ni concentrándose en proyectos diseñados para creyentes que pertenecen a comunidades diferentes. Invierta su energía en un enfoque en el reino.

La iglesia con enfoque en el reino es una iglesia que funciona. Funciona por igual para iglesias urbanas y rurales, iglesias grandes y pequeñas, iglesias tradicionales y contemporáneas y para toda otra clase de iglesia porque solo Dios decide la forma que tendrá la iglesia con enfoque en el reino.

Esto ha de ser una buena noticia para los pastores y los líderes de las iglesias que hayan luchado y se hayan esforzado por "encontrar un enfoque" para su iglesia y se sientan fracasados por no descubrirlo. Hay tantos buenos pastores, como el caso de Ernesto en el capítulo anterior, que están al límite de sus fuerzas. "¿Qué haremos de ahora en más? —se preguntan—. ¡Estamos paralizados! ¡No nos funciona nada!" Piensan que han fracasado y se torturan con eso. O bien, sufren en silencio y se sienten demasiado avergonzados para enfrentar lo que ven como una traición al llamado recibido.

Sin embargo, cuando la iglesia tiene el enfoque en el reino, ya no existe tal presión porque usted permite que Dios lo use y use su ministerio como instrumentos de la divina voluntad. Usted acompaña a Dios donde Él obra y descubre con sorpresa que la solución por la que ha estado exprimiéndose el cerebro no pasa por los programas ni los métodos sino que es una solución espiritual. Luego se da cuenta de que, después de todo, usted no es un pastor tan ineficaz sino que Dios puede usarlo. En realidad, está lejos de ser el fracasado que imaginaba ser.

El capítulo 16 de Ezequiel describe en forma gráfica a una bebé recién nacida que fue abandonada por su madre y "arrojada sobre la faz del campo" (Ezeq. 16:5b). Luego aparece Dios y recoge a la bebé, la lava, la envuelve en lino blanco y la adopta. "Te di juramento y entré en pacto contigo, dice Jehová el Señor, y fuiste mía" (Ezeq. 16:8). Dios hace lo mismo con la iglesia local porque sin un enfoque en el reino, usted está en una situación tan desastrosa como desvalida. Sin embargo, una vez que logra ese enfoque, tiene el rumbo y el entendimiento que necesita para que su iglesia ocupe en el reino el lugar al cual tiene derecho.

Una vez que el enfoque en el reino se constituye en su meta, las trampas y las limitaciones del mundo se vuelven mucho menos importantes. Es como cuando Pablo escribió a Timoteo para recriminarlo un poco por haberse avergonzado de que el apóstol estuviera preso y sufriera. Pablo exhortó al joven a que cumpliera su ministerio, siguiera adelante y no se diera por vencido. Timoteo estaba desanimado y usaba el encarcelamiento de Pablo como excusa para tirar la toalla.

En una iglesia con enfoque en el reino, comprobará que no es necesario darse por vencido ante las dificultades. Pablo animó a su discípulo a no renunciar, sino a cumplir el ministerio de predicar la palabra cuando fuera conveniente hacer la tarea de evangelista y cuando no lo fuera (2 Tim. 4:1–8). En mi ministerio pastoral, hubo ocasiones en que quise darme por vencido como Timoteo. Yo también me sentí acorralado por toda la confusión mundana que me impedía lograr lo que deseaba hacer. El consejo de Pablo fue levantar la mirada por encima de los métodos y ver el panorama completo que hay delante: el enfoque en el reino, que es la verdadera meta de cada iglesia. El llamamiento al reino que ha recibido podría ser lo único que lo mantiene a usted allí, donde Dios lo ha enviado.

Jesús destaca esa meta en Juan 5:19–20 al decir: "De cierto, de cierto os digo: No puede el Hijo hacer nada por sí mismo, sino lo que ve hacer al Padre; porque todo lo que el Padre hace, también lo hace el Hijo igualmente. Porque el Padre ama al Hijo, y le muestra todas las cosas que él hace; y mayores obras que estas le mostrará, de modo que vosotros os maravilléis". Dios le mostrará qué hacer a usted y su iglesia.

En no más de 30 palabras, ¿qué es exactamente *una iglesia con enfoque en el reino*? Es una iglesia que *existe para transformar a los no creyentes en creyentes semejantes a Cristo y convertirlos en creyentes maduros que actúen como multiplicadores del mensaje de Cristo para el reino.*

A los que no son salvos Dios los salva mediante el ministerio de una iglesia con enfoque en el reino, luego inspira y equipa a los nuevos creyentes para que otros puedan ser salvos. Un creyente lleva las buenas noticias a cierta cantidad de personas, cada una de las cuales luego da testimonio a otras, que a su vez dan testimonio a otro grupo de personas no salvas. Y así se multiplica el mensaje. Una iglesia con enfoque en el reino hace discípulos, los desarrolla mediante la transformación espiritual y los multiplica como agentes del reino por todo el mundo. Una iglesia así siente verdadero fervor por ver que cada persona sea completa en Cristo.

En una iglesia con enfoque en el reino se hace énfasis en el resultado y en cómo ayudar a la congregación en su actual situación espiritual, no en modelos, procedimientos ni programas mecánicos. No se trata de superponer soluciones a determinada necesidad.

Destacar el procedimiento en lugar del enfoque en el reino hace que muchos pastores con condiciones se encaminen a una calle sin salida, en especial si dicho procedimiento carga toda la responsabilidad y la presión solo en el pastor. Como lo analizaremos en detalle más adelante, la iglesia no es el pastor sino la congregación.

Aunque Ernesto deje de buscar la iglesia perfecta, seguirá tan desorientado como antes. Él no se da cuenta, no lo ve ni lo comprende, pero Dios controla la situación. Ernesto ha recibido la mejor capacitación teológica posible, ha superado con éxito las luchas propias del comienzo en el ministerio, pero lo que ahora enfrenta va más allá de su experiencia y su capacitación.

Imaginemos que Ernesto no es pastor sino piloto de autos de carrera. Ha asistido a un instituto especial de carreras de fórmula uno y aprobó con todos los honores. Sabe conducir a velocidades asombrosas y sabe cómo controlar una costosísima máquina sobre cualquier pista. Un día suena el teléfono y le ofrecen un contrato para conducir un coche en las

500 millas de Indianápolis. ¡Está entusiasmadísimo! Va a la pista. Después de las pruebas de clasificación lo ubican en la línea de largada. Cuando llega el día de la carrera, bajan la bandera verde y sale disparado junto a los demás corredores. Tras 20 vueltas de la carrera nota que hay un desperfecto mecánico y sale del circuito hacia los boxes. No hay nadie allí, entonces sigue con el coche hasta la parte de atrás, donde están los talleres, pero tampoco allí hay nadie.

Sale del coche y mira a su alrededor: todas las piezas, las herramientas y los instrumentos que necesita para reparar el coche están allí, en el taller. El único problema es que no sabe nada acerca del funcionamiento del auto. Sabe conducir un coche pero no puede reparar uno descompuesto. Dado que no sabe cómo funciona, puede que decida cambiar un asiento o agregarle una rueda. Tal vez tome un martillo y le golpee los guardabarros. Quizás cambie las escobillas de los limpiaparabrisas. Sin embargo, en definitiva no podrá hacer que el coche vuelva a funcionar. Hasta que comprenda los principios de la ingeniería y la mecánica de los motores de combustión interna, de los turbocargadores, de la dirección por cremallera, de la resistencia del viento y otros innumerables detalles técnicos, no hay dudas de que fracasará.

La realidad que enfrentan muchos pastores no se diferencia demasiado. Reciben la mejor capacitación en griego, hebreo, homilética, apologética, filosofía, sicología y la Biblia. Están equipados con las destrezas requeridas para conducir una congregación en marcha. Casi todos los pastores pueden predicar, saludar a la gente y visitar hospitales. Denles una iglesia con engranajes bien lubricados, y les irá bien porque predicar, liderar y relacionarse con la gente es algo que les sale en forma natural. Sin embargo, denles una congregación que no funciona o una congregación con problemas, y las cosas no irán bien. Es poco probable que se encuentren con una congregación eficiente. Lo que sucede con más frecuencia cuando llegan al primer pastorado es que se encuentran con una iglesia deshecha, que no funciona.

Sin embargo, el problema está en que no comprenden la naturaleza de la iglesia, su propósito para el reino y cómo reparar lo que no funciona. Con su capacitación no se prepararon para reparar nada. De modo que procuran corregir los problemas que enfrentan con cambio de métodos, ensayo de técnicas innovadoras, con mayor convicción al predicar y siendo dirigentes fervorosos.

Es injusto imponerle eso a buenos jóvenes pastores, pero así es como sucede.

No doy este ejemplo como una crítica a los seminarios. Fui capacitado en uno de los mejores y más grandes seminarios del mundo. Atesoro lo que allí me enseñaron y me es de sumo provecho. Lo que nos hace falta es un enfoque en el reino. Necesitamos aprender "con" nuestros seminarios, no simplemente "de" ellos. Quizás lo sorprenda, pero si hay algo que necesitamos, creo que es mayor capacitación. Ningún pastor ni ningún líder se perjudicará por profundizar sus estudios de griego, hebreo, Antiguo Testamento y Nuevo Testamento, y los cursos clásicos y prácticos que brindan los seminarios. Lo que yo agregaría es esto: una mayor comprensión de la iglesia local, qué es y cómo funciona.

Otro relato que me viene a la mente es lo que me sucedió un verano cuando yo tenía 16 años. Mis responsabilidades como encargado de cortar el césped de la casa aumentaron de manera considerable el día en que mi padre trajo una nueva cortadora de césped. En realidad, solo era nueva en el sentido de que nunca antes había estado en nuestro garaje. En efecto, ya era una chatarra lista para ir a cualquier desarmadero que la recibiera. Recuerdo haberla mirado con algo de duda y sospecha, pero mi padre no tardó en restarle importancia a mi ansiedad cuando dijo: "No te preocupes por el aspecto. No tendrás problemas para hacerla funcionar como nueva".

Como casi todo muchacho de 16 años, con frecuencia no entendía todo lo que decía mi padre. Me refiero a que ¿quién puede procesar la sabiduría del padre cuando hay cosas importantes en las cuales pensar, como salir con chicas, los deportes, conducir automóviles y la diversión del verano? Sin embargo, ese día cuando dijo: "No *tendrás* problemas para hacerla funcionar como nueva", le presté toda mi atención. Nunca me destaqué por mi inteligencia, pero sé lo que significa ese "tendrás".

Eso se refería a mí, Gene Mims, hijo del Sr. y la Sra. Mims, un muchacho de 16 años, audaz e inexperto por completo…

Para peor, sentía la presión de que mi padre podía diseñar, construir, reparar y descubrir cómo funcionaba *cualquier cosa.* A esa altura de mi vida, yo no podía hacer nada de eso. Y dado que conocía la exigencia de mi padre, supe que estaba en problemas.

Mientras permanecíamos de pie contemplando esa reliquia, pareció adivinar mi pensamiento y me animó con estas instrucciones en apariencia sencillas: "Solo desarma todas las piezas y recuerda qué encaja con qué". A lo cual agregó comentarios sobre aros nuevos para los pistones, limpiar la válvula de aguja y ajustar el paso de la bujía, después de lo cual yo tendría que afilar las cuchillas y tener cuidado con los pernos de seguridad al volver a montarlas. Y luego, por supuesto, había que encargarse del silenciador.

Para cuando terminó con su explicación, yo sudaba más de lo normal para un día de verano. Se me secó la boca y se me nubló la mente con un remolino de emociones encontradas a mitad de camino entre el pánico y la desesperación que solo el fracaso inminente puede causar.

Mi padre se fue y yo me puse a trabajar. Pensé que si otros podían reparar motores pequeños, entonces yo también podría. Después de todo, tenía las herramientas, una cortadora de césped, un trabajo por hacer y toda la tarde por delante. Desarmé cada pieza de esa cortadora de césped. En efecto, eso era más fácil de lo que me había imaginado. Así fue que separé con habilidad pieza tras pieza hasta que quedaron todas dispersas sobre el piso del garaje. Lavé todo con gasolina según las instrucciones. Luego le quité los aros viejos a los pistones y allí comenzaron los problemas. No puede colocarle los nuevos, así que decidí concentrarme en el carburador y mi nueva amiga: la válvula de aguja. Lo que había quitado con facilidad de pronto era imposible de volver a armar. ¿Olvidé mencionar la válvula de la mariposa y el mecanismo de conexión?

Lo que había desarmado no lo podía rearmar. No entendía cómo funcionaban las cortadoras de césped, cómo se fabricaban, cómo se descomponían ni cómo se reparaba lo que no funcionaba.

¿Y sabe qué es lo gracioso en mi experiencia con la cortadora de césped? Que en términos generales experimenté la misma sensación con la primera iglesia que me tocó pastorear. Llegué con grandes esperanzas y expectativas, pero luego falleció alguien y tuve que intentar consolar a la familia. La iglesia casi se dividió debido a la pintura del templo (en serio… ¡no es invento mío!). Luego alguien me propuso que realizáramos una escuela bíblica de vacaciones seis semanas después de nuestra campaña anual de avivamiento. Al poco tiempo de que llegué, una mujer se enojó conmigo por algo que hasta hoy no he podido entender, y el tesorero me dio una explicación detallada sobre ciertas "presiones" financieras que él pensaba que tendríamos, como la falta de dinero para pagar el servicio eléctrico, el servicio de agua… y mi salario.

Me sentí como en aquel cálido día de verano cuando vi las piezas de la cortadora de césped dispersas por todo el garaje. Los problemas de mi iglesia estaban así de dispersos y yo no sabía qué hacer. Ni siquiera sabía cómo funcionaban las cosas ni por qué.

En mi enfoque no había espacio para el reino porque, a pesar de mi capacitación en el seminario, no tenía el conocimiento necesario. Más de 30 años después, he pastoreado lo suficiente y he conversado con suficientes pastores como para poder sentarme con alguien a conversar sobre su iglesia y saber en unos cinco minutos si ese colega se encamina hacia una situación penosa. Con demasiada frecuencia, Dios intenta ordenar la vida de ese pastor en ciclos, pero en su lugar el pastor la vive en círculos de repetición.

Los programas dependen de las personas y de los recursos, pero no es así con un enfoque en el reino. Este depende exclusivamente de Dios. Quienes se sientan en los bancos del templo no le entregan la vida a Cristo porque les guste la música con mucho ritmo ni las excelentes lecciones de la escuela dominical, si bien esas cosas podrían resultar en apariencia interesantes. Le entregan la vida a Jesús porque sienten una necesidad personal y porque reconocen que solo en Jesús la pueden satisfacer. De modo que, en la medida en que la música y las clases de escuela dominical conduzcan a la congregación hacia el reino, serán acertadas.

Cuando cambien las condiciones o se haya modificado la composición de la membresía, los programas se volverán obsoletos o ineficientes. Las iglesias cambian con el tiempo y el cambio es inevitable, pero si usted tiene el enfoque en el reino, no tendrá que dejar el futuro de la iglesia librado a las aleatorias fuerzas del cambio. Quizás deba modificar las tácticas, pero el objetivo es inmutable.

Quienes asisten a la iglesia, tanto los miembros como los visitantes ocasionales, no se preocupan demasiado por la capacitación del pastor ni los detalles más delicados de la doctrina. Se preocupan por ellos mismos, por su empleo, por su familia… y llegan a la iglesia con necesidades reales. Lo que les falta demasiado a menudo es una promesa de la iglesia con respecto al camino hacia la transformación a la semejanza de Cristo. Si vamos a dedicarles tiempo y a concentrarnos en el objetivo correcto, sabremos cómo hacer esa promesa y cómo cumplirla.

Durante los cuatro últimos años, he dedicado cierto tiempo a navegar en Internet para investigar temas relativos a la naturaleza y la función de una iglesia. He leído muchos artículos, sermones y declaraciones sobre la materia. He participado en salones de *chat* y he disfrutado del diálogo con profesionales y laicos al analizar diversos temas en torno a dicha naturaleza y funciones.

Más importante aún es que he pasado muchas horas en conversaciones privadas con pastores de toda clase de iglesias. Para mí es una bendición poder ponerme en contacto con personas de todo el mundo que saben de la vida y la salud de la iglesia. He disfrutado de muchas horas de diálogo y análisis sobre la iglesia y su actual significado.

La experiencia de leer, conversar, escuchar y aprender me ha permitido tener una idea de lo que muchas personas opinan de la iglesia en la actualidad. Si bien mis comentarios no se basan en modelos científicos, son tan sólidos como suelen serlo los modelos cualitativos. Mis observaciones son en esencia eso: opiniones y percepciones basadas en muchas conversaciones y 30 años de experiencia.

Mucho de lo que se dice sobre la iglesia tiende a ser cíclico y transitorio. En menos de diez años hemos cambiado varias veces nuestro vocabulario sobre asuntos de la iglesia. No hay una única manera de describir la naturaleza y las funciones de una iglesia. Sigue siendo un misterio espiritual y quienes tenemos la tendencia a hacer comentarios sobre la iglesia y su función actual debemos tener cuidado. Es fácil equivocarse, aún más fácil es ser malinterpretado, y lo más fácil de todo es quedar desactualizado.

Casi todas las predicciones sobre la iglesia efectuadas por investigadores, pastores y comentaristas sociales son equivocadas. No han errado en parte sino en todo. Es imposible hablar de "la iglesia" en forma absoluta ya que existen demasiadas congregaciones. Cada iglesia local tiene lo propio en estilo, cultura, forma, prioridades y expectativas.

Estoy convencido de que:

> Los métodos son muchos y los principios pocos.
>
> Los métodos pueden cambiar, los principios no.

Ya no puedo mantenerme al corriente de los muchos métodos para organizar y conducir una iglesia, ni tampoco puedo siempre estar al tanto de los cambios en el vocabulario que interpreta los métodos. He reconocido que son demasiados en cantidad y sumamente dinámicos por naturaleza para dedicarles mucho tiempo.

Con frecuencia algunos pastores me explican cómo y por qué son satisfactorios los métodos que usan. Mientras elogian lo que hacen, pienso en cómo eso mismo destrozaría por completo a casi todas las demás iglesias. Es sorprendente ver cuán semejantes, pero a la vez cuán diferentes son las iglesias locales entre sí. Es una paradoja que jamás debemos olvidar.

He disfrutado al leer a muchos escritores actuales sobre asuntos de la iglesia. Todos se expresan con pasión por el pueblo de Dios y por los líderes de las iglesias. La lista de libros es interminable y la cantidad de observaciones, exhortaciones, sugerencias y recursos es demasiado numerosa para llevar la cuenta. He dudado un poco en publicar lo que pienso habiendo tantos otros, pero decidí hacerlo por varias razones que constituyen el beneficio que le propone la lectura de este libro. Si usted lo hace, deseo hacerle varias promesas.

Primero, deseo que sepa que lo que comparto aquí da resultados. Durante más de 30 años he comprobado el valor y el poder de tener el enfoque en el reino. Lo que escribo, lo he experimentado de primera mano en muchas situaciones e iglesias diferentes. (Solía preguntarme por qué el Señor me había permitido pastorear congregaciones tan diferentes, ¡pero ahora creo que sé la razón!)

He sido pastor en regiones rurales, en medio de un campo de algodón. He pastoreado en una comunidad de transición y también en zonas empobrecidas y a veces violentas, así como en una espléndida zona residencial. He pastoreado iglesias en ciudades importantes, pequeñas, grandes, cercanas a bases militares y en zonas suburbanas en desarrollo. Ya sea en las iglesias pequeñas, en las grandes, en las megaiglesias, en las iglesias en decadencia o en crecimiento... me ha tocado servir como pastor titular, líder o pastor interino del tipo de iglesia que se le ocurra.

Segundo, estas ideas no solo se basan en mi experiencia como líder sino también como expositor de las Escrituras. En resumen: son bíblicas. No ofrezco disculpa alguna por la base bíblica de estas ideas porque debo confesar que considero inútil todo principio de la iglesia que no se base en la Biblia. En efecto, siempre estoy listo para criticar cualquier recurso que no se fundamente en las Escrituras. Me duele leer tantas publicaciones actuales sobre liderazgo, adoración, crecimiento de la iglesia y discipulado que no ofrecen más que el parloteo espiritual de ideas seculares y populares.

Tercero, en las páginas de este libro, encontrará un sendero hacia el enfoque en el reino que hace hincapié en lo que debe cumplir toda iglesia a fin de que cada persona sea completa en Cristo. Hoy día se ven en las iglesias demasiadas cosas que no se relacionan entre sí. No encajan ni harán que las iglesias cumplan la Gran Comisión. No me opongo a ningún ministerio, programa, prioridad ni a ninguna otra cosa que nos ayude a alcanzar a los perdidos para Cristo y a guiarlos a la madurez y a multiplicar el ministerio. Sin embargo, los programas, la predicación, los cultos de adoración y los templos jamás cumplen con eso. En la Biblia hay una enseñanza intrínseca para que una iglesia cumpla la Gran

Comisión. En este libro usted no solo descubrirá en qué consiste esa enseñanza, sino que también aprenderá a implementarla en su ministerio e iglesia en particular.

Cuarto, todo este libro se concentra en el reino de Dios y se basa en ello. La renovación de la iglesia en nuestro mundo depende en gran medida de la adecuada comprensión del reino y de la relación de la iglesia con el reino de Dios. Hasta que no lo experimentemos puedo asegurarle que seguiremos esforzándonos mucho en las cosas que en definitiva no funcionan. La realidad básica del mundo en que hoy vivimos es el reino de Dios, pero lamentablemente muchos líderes cristianos no se dan cuenta del valor y la importancia del reino.

Quinto, puedo prometerle que si me acompaña hasta el final del libro, la interpretación de lo que debe hacer en su iglesia solo será comparable al fervor por conocer y servir al Dios vivo. Dios obra en este mundo y nos invita a sumarnos a su accionar. Quiero mostrarle cómo poner en práctica esa verdad maravillosa. Una cosa es saber que Dios obra, y otra cosa es sumarse a lo que Dios hace con la certeza de que es exactamente lo que Él desea que usted y su iglesia hagan.

Por último, le prometo que una vez que comprenda la naturaleza de una iglesia en relación con el reino de Dios y con el mundo en que vivimos, Dios lo guiará a reparar todo lo que no funcione en la iglesia. Sí, eso mismo. Le prometo que una vez que comprenda lo que este libro tiene para decir, usted tendrá todo lo que necesita para reparar *todo* lo que en su iglesia no funcione, sea lo que fuere. Para Dios cada iglesia es única y todos los pastores y líderes de la iglesia son llamados a servir a la iglesia del Señor. Usted puede hacerlo bien, pero necesita comprender lo que tiene que hacer, conocer la naturaleza de la iglesia local, tener fe en Dios y en su Palabra. Y por último, se necesita tiempo. El tiempo necesario para reparar todo lo que no funcione.

Disfrute de la lectura, medite y ore. En su corazón sepa que Aquel que lo llamó a esta gran obra no le fallará y que no hay razón para que usted le falle a Él. Dios obra para redimir a sus criaturas del pecado que las separa de Él. Su reino está asegurado, está entre nosotros, entre quienes hemos sido llamados a difundir el evangelio y la verdad por toda la tierra. Estamos juntos en esto de buscar al Señor y sus caminos en la presente generación.

Para que la propuesta resulte más clara, en los cuatro capítulos que siguen consideraremos los conceptos básicos de "la iglesia con enfoque en el reino": *la, iglesia, enfoque* y *reino*. No será precisamente en ese orden gramatical, sino como conviene analizar dichos conceptos.

Capítulo 3

NO "UNA" IGLESIA SINO "LA" IGLESIA

NO ES INUSUAL NI IMPROBABLE que Ernesto sueñe con otra iglesia. Casi todos somos soñadores por naturaleza. Somos visionarios y nos gusta pensar en lo que podemos o podríamos ser. Si no pensáramos así, nunca podríamos lograr que alguien haga algo mejor o de modo diferente. Sin embargo, hay un peligro sutil en ser visionario. Si no tenemos cuidado, los sueños pueden reemplazar la realidad. Y sea lo que una iglesia fuere, ¡es una iglesia *real*! Ernesto cometerá un grave error si sigue soñando con otra iglesia de otro lugar. Ha sido llamado por el Señor, y el Padre tiene derecho a enviarlo dondequiera que desee.

Ernesto es un buen pastor y con el tiempo superará esta etapa de su vida y su ministerio si tiene presente algunas cosas básicas.

Una buena manera de comenzar el procedimiento es recordar que Dios nos llama a tener comunión con Él y nos envía a servir en una de sus iglesias. Es incorrecto creer que una iglesia llama a un pastor ya que el llamado proviene del Señor mismo, quien lo convoca a una relación dinámica de amor, comunión y servicio. Dios es también quien nos envía a los lugares donde desea que lo sirvamos a Él y a su pueblo. Si el Señor es el responsable del lugar que ocupo para servir, entonces podré permanecer allí durante los tiempos difíciles. Como pastor puedo tolerar las dificultades. Puedo amar al Señor y amar a las personas a quienes predico de

Cristo y también a los creyentes a quienes sirvo. Puedo manifestar que persevero con fe mientras el Señor obra por mi intermedio y por el de su pueblo para cumplir sus propósitos divinos.

El pastor Ernesto necesitará dejar de lado sus fantasías y concentrarse en la iglesia que pastorea en la actualidad. El problema no está en el plazo ni en la cantidad. Su enfoque no depende de si gana o sirve a muchos o a pocos. Tiene que ocuparse de algo tridimensional. En primer lugar, una fe viva debe caracterizar su andar con el Señor. Para ser un líder cristiano uno debe aprender a seguir a alguien. Mi colega John Kramp ha explicado dicha idea de un modo excelente en su libro *Getting Ahead by Staying Behind* [Quedarse atrás para poder avanzar]. La expresa así:

> La misión de Jesús en la tierra constituyó una "operación de búsqueda y rescate" con una peculiaridad inusual: en este caso, la situación de los perdidos era envidiable. Para Jesús, el término *perdidos* no era despectivo. Estar perdido implicaba que había un lugar donde se suponía que uno estuviera y alguien a quien le preocupaba que uno no estuviera allí.... En efecto, Dios dijo: "Se supone que estés en buenas relaciones conmigo, pero te has separado de mí. Eso significa que estás perdido. Y por esa razón pagaré el precio máximo para rescatarte... ."
>
> Si la única meta de Dios fuera rescatarnos, podría habernos llevado directo al cielo una vez que llegáramos a ser cristianos, a fin de que pudiéramos pasar por alto las inevitables luchas de esta tierra. Sin embargo, no lo hizo así. Nos dejó aquí, no para siempre sino solo por ahora. Entonces, está claro que algo que nosotros hacemos es importante. Sucede entre el momento en que "somos hallados" y el momento en que nos reuniremos con Él en la eternidad. Nosotros "somos hallados" para seguirlo. El seguir a Jesús en la tierra es un proceso que produce un cambio en nosotros. Por esa razón Jesús,

> durante su ministerio terrenal, hizo reiteradas veces la siguiente invitación: "Sígueme". Por esa misma razón Jesús nos extiende la misma invitación hoy día....
>
> Después de la crucifixión y la resurrección, Jesús volvió a reunirse con sus discípulos. Todos lo habían traicionado, en especial Pedro, que tres veces negó haberlo conocido. Sin embargo, Jesús les ofreció perdón y esperanza, y les hizo un nuevo llamado al discipulado al recordarles las mismas palabras que había usado para llamarlos inicialmente a ser sus discípulos unos años antes: "Y dicho esto, [Jesús] añadió: Sígueme. Volviéndose Pedro, vio que les seguía el discípulo a quien amaba Jesús.... Cuando Pedro le vio, dijo a Jesús: Señor, ¿y qué de éste? Jesús le dijo: Si quiero que él quede hasta que yo venga, ¿qué a ti? Sígueme tú" (Juan 21:19–22).[1]

Después de que aprendemos a seguir a Cristo, podemos aprender a guiar a otros hacia Él.

En segundo lugar, el pastor Ernesto debe determinar lo que el Señor desea que se haga y lo que Él hace en la actualidad en la vida de su pueblo y en la comunidad. En tercer lugar, debe concentrarse en edificar al pueblo de Dios para que lleve adelante el divino plan de acción: cumplir la Gran Comisión.

Los títulos de los libros me fascinan. Con frecuencia escojo un libro desconocido debido a su título, pero luego descubro que el título no coincide con el contenido. Por eso *La iglesia con enfoque en el reino* es una excepción. Cada palabra se ha elegido con mucha atención, mucho análisis y mucha oración: *La - iglesia - con enfoque - en el reino*. Cada término ha sido seleccionado con cuidado para que el título en la tapa describa con exactitud el contenido del libro.

No busqué adrede un título que tuviera un buen "gancho de marketing" ni algo que pudiera apelar al interés personal del lector (aunque espero que sí lo haga). Este libro trata del enfoque de una iglesia y de cómo el enfoque correcto determina en definitiva la estabilidad y la eficacia de la iglesia.

El artículo "la" es una de las palabras más comunes e inofensivas de nuestro idioma. En realidad, es tan genérica y vulgar que sería razonable decir: "Pasemos por alto ese insignificante artículo y ocupémonos de algo más serio". Sin embargo, en nuestro contexto, ese artículo gramatical manifiesta algo importante.

"La" define a una congregación *determinada* de la iglesia universal, con los desafíos y las oportunidades que la caracterizan: *la* iglesia en la cual Dios lo ha puesto a usted en este momento. Si desea una iglesia sana, una iglesia que crece, una iglesia sensacional... lo único que necesita es mirar lo que tiene a su alrededor y poner manos a la obra.

La iglesia es la iglesia donde usted pastorea, lidera, sirve, a la cual pertenece o a la cual asiste. Dios le ha dado un puesto de mayordomía en esta iglesia en particular. Él no lo ha puesto a usted en una iglesia de otro lugar, ni tampoco le ha dado a otra iglesia los dones, el potencial y el enfoque que le ha dado a usted. Si en este momento se desempeña como pastor, Dios piensa que *usted* es el mejor pastor del mundo para esa iglesia.

Por el momento, usted no es responsable de ninguna otra iglesia en el mundo entero. Piénselo por un instante. ¿No lo complace y lo alivia que el Señor no lo haya hecho responsable de todas las iglesias de su ciudad? ¿No es bueno que no dependan de su mayordomía? ¿No siente alivio de saber que todas esas iglesias cerca de las cuales pasó durante su último viaje no esperan que usted les diga lo que deben hacer?

Al formar parte de una iglesia en particular, usted no debe distraerse con otras iglesias que en apariencia tienen menos problemas que la suya. Necesita entregarse de lleno a la iglesia donde está, no a alguna supuesta iglesia perfecta, inexistente e imaginaria, domiciliada en un lugar hipotético. Nada de comprometerse a medias y nada de quejas. Donde está ahora es donde Dios lo puso y es el lugar al cual usted pertenece.

Eso no significa que albergue la expectativa de servir en la misma iglesia toda la vida. En el tiempo dispuesto por Dios, la gente se muda de una a otra congregación por toda clase de razones. No obstante, muchas personas que he conocido con el paso de los años han sido demasiado impacientes como para permitir que Dios obre de la manera que considera mejor.

Como resultado de tal impaciencia, hay un nivel enfermizo y contraproducente de rotación de gente en las iglesias. Se requiere mucho tiempo para pastorear una iglesia y llegar al punto en que se pueda influir en lo profundo del espíritu de la congregación. Diría que, como promedio, se necesitan de siete a diez años para desarrollar un nivel de confianza mutua. Sin embargo, ¡hay tantos pastores que dejan una congregación por otra sin haber terminado su misión! No han tenido tiempo para cumplir la visión que Dios tiene para ellos en ese lugar. En efecto, el criterio de partir demasiado pronto implica, con mucha frecuencia, que uno *jamás* pastoreará una iglesia. Si realmente se necesitan de siete a diez años para ser pastor de una iglesia y nos mudamos cada cuatro o cinco años, *¡entonces en realidad jamás pastoreamos una iglesia!*

A veces es culpa de la congregación. Algunos miembros influyentes se sienten insatisfechos e insisten en que se despida al pastor. A veces es culpa de la jerarquía denominacional. El liderazgo asigna un nuevo destino a un pastor antes de que cumpla su misión. Y también a veces es culpa del pastor que busca hacer la siguiente jugada de su carrera y está demasiado ansioso por engrosar su "curriculum vitae".

Viene a mi mente la imagen del presidente de una empresa y la junta de directores. "Pérez, tiene 18 meses para cumplir estos criterios de desempeño, o lo despediremos y le daremos el puesto al siguiente de la lista." Más adelante analizaremos este tema en detalle, pero es importante recordar que una iglesia no es una empresa y que una iglesia próspera no puede funcionar como si lo fuera. Una iglesia, su iglesia, es un ministerio antes que ninguna otra cosa. Por fuera puede que se asemeje un poco a una organización empresaria, pero las metas, los cronogramas y el enfoque son diferentes. Imponerle presiones empresariales a un pastor es algo pecaminoso y catastrófico.

Entonces, lo más importante es que usted sea parte de su iglesia y esta sea parte de usted. Ahora bien, antes de que empiece a quejarse demasiado, déjeme recordarle el proceso por el cual usted pasó antes de llegar a servir en la iglesia donde se encuentra en la actualidad. Si usted es pastor, durante largo tiempo pensó en el llamado. Oró por eso, habló con su familia de eso, probablemente llamó a un mentor o un amigo de confianza y le pidió su opinión. Si usted es líder de una iglesia, supongo que consideró a numerosos candidatos, oró y procuró la opinión sabia de muchos miembros de la congregación antes de seleccionar (o de llamar, aprobar o solicitar, según cuál sea su denominación) a su actual pastor.

Ya sea usted pastor o líder de una iglesia, probablemente recuerda algo sobre "la voluntad de Dios" o "la dirección del Señor" mientras se tomaba la decisión. De algún modo, en ese momento todo parecía coincidir. Durante el período de transición, el candidato pastoral y el comité de búsqueda se comunicaron de una manera tan plena y profunda que la decisión fue cada vez más evidente. A partir de esas conversaciones y de esas reacciones positivas, todos tuvieron la profunda certeza de que esta congregación y este pastor eran el uno para el otro.

Como pastor, recuerde que cuando llegó a la iglesia a la cual sirve en la actualidad, *la* iglesia, tanto usted como la congregación tenían grandes expectativas. Aun cuando desde el principio supo que la iglesia no era perfecta, tenía la seguridad de que podía sumarse a ella y producir buenos resultados. Su capacidad de liderazgo y su deseo coincidían con las necesidades de la congregación, y usted estaba dispuesto a esforzarse tanto como fuera necesario para tener éxito.

¿Qué sucedió? ¿A dónde se fue el sueño? ¿Qué me dice del llamado de Dios para enviarlo a usted a ese lugar? Los problemas, la angustia y la desilusión no limitan el llamado de Dios.

En cierto momento aquel entusiasmo desbordante y aquella sensación de que todo era posible se marchitaron poco a poco y una alarmante dosis de realismo ocupó su lugar. ¿Cómo perdió usted la pasión por la obra? ¿Acaso alguien le hizo mal a usted o a su familia? ¿Descubrió que algunos miembros de su congregación hoy ya no son tan fieles ni lo apoyan tanto como cuando recién llegó? ¿Hubo tiempos en que le pareció que los miembros de la congregación confiaban en usted y usted los ha decepcionado? ¿Cometió lo que considera un "error fatal" desde el punto de vista de su carrera?

Estas son solo algunas de las preguntas que contribuyen a identificar ciertos problemas y ciertas desilusiones que enfrenta usted como pastor al servir a la iglesia. De todos modos, he aquí algo importante para tener en cuenta también: obtener respuestas para sus preguntas y comprender sus desilusiones no lo libra de la responsabilidad de pastorear a las personas y llevarlas a hacer lo que Dios desea que se haga en la comunidad.

Sin importar cuán cansado, dolorido, frustrado o agotado se encuentre en este momento, usted tiene una iglesia que debe liderar, una iglesia donde Dios lo ha puesto porque en este momento usted es el mejor pastor para esa tarea. En su caso, el enfoque debe comenzar con *la* iglesia que tiene.

Usted tiene un llamado y una responsabilidad que son sagrados, y que tienen que ver con una única iglesia. Su misión consiste en lograr que sea *la* iglesia con enfoque en el reino. Sin importar cuán universal, mundial, denominacional o invisible piense usted que sea la iglesia, su enfoque debe comenzar con *la* iglesia que lo tiene por líder.

Sin embargo, una vez que hemos cargado toda esta responsabilidad sobre pastores y ministros, no podemos pasar por alto la otra parte de la ecuación. Ningún pastor puede liderar una iglesia que rehúsa el liderazgo. Las congregaciones deben estar dispuestas a identificarse con el encargo de la Gran Comisión: predicar el evangelio de Jesús en todo el mundo. El propósito de toda iglesia con enfoque en el reino es guiar a los incrédulos a ser creyentes, y a los creyentes a ser multiplicadores maduros del mensaje de Cristo. Los miembros de su iglesia deben estar dispuestos a ministrar. Eso significa que, así como un pastor tiene que dejar de lado todas las distracciones momentáneas y liderar, su congregación debe dejar de lado las divisiones y la política de la iglesia y seguir al pastor.

Por experiencia propia sé que muchos miembros de iglesia viven en clanes aislados que se perpetúan por sí mismos. Son como ranas que flotan sobre hojas de lirio de agua en una laguna, y chocan con suavidad entre sí de tanto en tanto. A excepción del suave choque de una hora el día domingo a la mañana, dichos clanes nada tienen que ver entre sí. En realidad, podrían trabajar en sentidos contrarios con propósitos mutuamente excluyentes. (Aunque lo he visto muchas veces, ¡no estoy diciendo que suceda en su iglesia!)

Cuando una congregación se enreda demasiado en su propio plan de acción, es obligación del pastor exponerle el problema con claridad. Para un pastor esto no es algo que le granjeará simpatías, pero es lo correcto.

Si los líderes o los miembros de una congregación buscan la iglesia que "debería ser", están en serias dificultades, porque nunca podrán asistir a una iglesia que "debería ser". Solo podrán asistir a *la* iglesia en la que están ahora. Tendrán que ser realistas y dejar para otra oportunidad la idea de que "deberían" estar en otra parte.

Ninguna iglesia es perfecta, pero si usted insiste en seguir buscándola, hay dos cosas que puede hacer y que contribuirán a *la* iglesia actual. Deje de buscar o bien busque en otra parte. Esta sugerencia no es de lo más agradable, pero al respecto debo expresar la verdad con amor. Lo mejor que pueden hacer por la iglesia las personas que piensan así es encontrar *la* iglesia donde Dios desea que sirvan.

Tal vez tenga el fuerte deseo de decir a esas personas algo como esto: "Deben dejar de quejarse y remitirse a las Escrituras para ver cómo marcha la iglesia y cómo llegó a ser así". Esa iglesia es así y punto. Podrá ser mejor o peor que otras, pero hoy es lo que es. Está llena de ranas que flotan sobre hojitas de lirio de agua en la laguna y se chocan entre sí de tanto en tanto. Sin embargo, una iglesia con enfoque en el reino no es así y no hay predicador que pueda modificar esa realidad. Las ranas mismas tienen que ocuparse del asunto. Si no pueden resolverlo ellas, ¿cómo esperan entonces que un pastor lo resuelva en su lugar? Quizás escuchen todos los sermones que se predican en el mundo, pero eso no las ayudará.

Las congregaciones tienen que reconocer que ningún pastor o líder podrá conducirlas adonde no desean ir. No podrá guiarlas a ministrar si ellas se rehúsan a ministrar. No podrá ayudarlas a amar, si están resueltas a mostrar maldad. Podrán cambiar de pastor todos los años por los próximos 50 años, pero nada cambiará hasta que la congregación esté dispuesta a cambiar.

Con relativa frecuencia suelo decir a los miembros de comités de búsqueda pastoral: "No crean que van a llamar a alguien para que aterrice y les resuelva los problemas. El pastor viene a equiparlos para que ministren". Procurar hacer cualquier otra cosa es como intentar armar algo cuando uno no entiende las instrucciones (como con la cortadora de césped que desarmé siendo adolescente).

En una ocasión, recuerdo haberle regalado a mi papá una espléndida parrilla a gas para el día del padre, y decidí armársela en secreto la noche anterior. Como se imaginarán, había una etiqueta que informaba: "Requiere cierto ensamble". Puse manos a la obra con entusiasmo, pero después de un rato, para mi frustración, descubrí que el "subconjunto A" no encajaba de ninguna manera con la "placa de base B". Cuanto más me esforcé, peor se puso la situación.

Para cuando había decidido darme por vencido y dejar que mi papá la armara por su cuenta, llegó mi primo. Le dio un vistazo a las instrucciones y en quince minutos terminó de armar la parrilla. Con la ayuda adecuada era sencillo seguir las instrucciones, pero sin esa ayuda, estaba perdido. Si el pastor nuevo procura armar una nueva iglesia sin la ayuda adecuada, ya está condenado al fracaso.

Del mismo modo en que cada iglesia tiene sus propias características, necesidades y oportunidades, también tiene su propio futuro. ¿Cómo ve usted el futuro de su iglesia? He visitado iglesias donde la gente hablaba todo el tiempo del *potencial*: "Esta iglesia tiene un enorme potencial".

Cuando alguien me empieza a hablar del potencial, sé que las cosas no van bien. Sea cual fuere su potencial, se basa en lo que usted es en este momento. Ese es todo el potencial que tiene. Si ahora su iglesia es un desastre, lo seguirá siendo dentro de un año a menos que usted tome medidas específicas para cambiar.

¿Siente verdadero anhelo de que en su iglesia todos experimenten la plenitud en Jesucristo, es decir que lleguen a ser plenamente todo aquello para lo cual Dios los creó? Nos referimos a personas de carne y hueso que puedan ser plenas en Cristo a medida que experimentan todo tipo de crisis matrimoniales, que enfrentan incertidumbres en la familia, que obtienen y pierden empleos y que se deprimen y necesitan ayuda. ¿Siente usted pasión por esas personas de *la* iglesia donde Dios lo ha puesto, por ver a cada una llegar a ser el hombre, la mujer, el niño, la niña, el joven que Dios desea que sea?

Le confesaré algo. Siempre me ha apasionado la salvación de las personas. Eso ha sido siempre una parte esencial de mi vida y de mi ministerio, pero a veces me ha apasionado más verlas entrar a mi iglesia que al reino, o verlas como miembros de mi denominación que como cristianas.

¡Cuánto me he equivocado! Es posible enorgullecerse de la iglesia local y olvidarse de que uno es parte del reino. Usted podrá hacer de su iglesia un hospital para tratar a un mundo enfermo de pecado. Sin embargo, la meta de su iglesia no es funcionar como hospital. Es bueno ver que los ejércitos tienen hospitales de campaña donde llevar a los heridos para que los atiendan. Aun así, el propósito de los ejércitos no es tener hospitales de campo sino soldados listos para combatir. El fin de una iglesia no es solo ser un centro cristiano de terapia intensiva sino también un ejército espiritual repleto de soldados de la cruz, bien entrenados para combatir en el mundo.

El éxito de su iglesia en particular no dependerá de los planes que usted tenga. Dependerá de las decisiones que tome y de lo que haga para actuar en función de ellas. ¿Acaso usted se queda esperando que le vaya mejor en su trabajo? ¿O se queda esperando que se prepare la cena y se pinte el garaje? Claro que no. Decidirá de qué color pintarlo, obtendrá las herramientas necesarias y se pondrá a trabajar. Y necesita esa misma actitud con respecto a la iglesia.

Tenemos bien presente que cada iglesia tiene su propio lugar, su propia vida y su propio futuro. Esas características, para bien o para mal, cambian con cada iglesia. Todos los días viajo 30 minutos en automóvil desde mi casa hasta mi oficina que está en Nashville, Tennessee (EE.UU.). Escucho la radio para enterarme de las últimas noticias del tránsito y el pronóstico del tiempo mientras pienso en el día que tengo por delante. Casi al salir de la carretera I-40, suelo ver una "librería para adultos". Está pintada de color púrpura brillante y anuncia lo más novedoso en libros, casetes de audio y videos pornográficos. No hay muchos vehículos allí cuando paso a las 6.30 de la mañana, pero suele haber algunos en el estacionamiento.

Cuando veo esa librería, siempre me angustio un poco pero no por la naturaleza del establecimiento ni por lo que vende. Detesto la pornografía y cómo atrae a las personas hacia esa locura. Detesto cómo la pornografía nos desvaloriza a todos y destruye lo que Dios hizo para que fuera algo bueno que disfrutáramos. Sin embargo, no es eso lo que realmente me afecta con respecto a esa librería. No es lo que el edificio es en la actualidad, sino lo que solía ser antes.

El diseño del edificio es inconfundible con el centro de Nashville como fondo. Es tan reconocible como el edificio del capitolio estatal sobre la colina y tan claro como la histórica "Union Station" del ferrocarril o los elevados hoteles que definen el contorno de la ciudad sobre el horizonte. La "librería para adultos" antes era una iglesia. Así es. Alguna vez fue una iglesia, que sin duda se llenaba de personas que buscaban y servían al Señor.

Sin embargo, con los años cambiaron las cosas. Con frecuencia me pregunto cómo fue el cambio y qué cosas cambiaron para que una congregación floreciente abandonara el templo y en su lugar se estableciera esa librería en particular. ¿Fue acaso la carretera que aisló a la comunidad con respecto al edificio de la iglesia? Las carreteras son como ríos de hormigón que a menudo aíslan a las personas de sus comunidades, negocios e iglesias. Tal vez eso fue lo que sucedió. O quizás fue por otra razón. El liderazgo pudo haber cambiado y la congregación perdió la visión. No juzgo las razones por las que alguien vendió el edificio de una iglesia a una empresa comercial. Solo me pregunto por qué una "librería para adultos" puede florecer en el mismo lugar donde murió una iglesia.

Las iglesias cambian con el paso del tiempo. Algunas se fortalecen y otras se debilitan, pero todas cambian. Aunque es un proceso inevitable, también puede controlarse. No es necesario que deje a *la* iglesia actual librada a las fuerzas del cambio fortuito. Usted puede comenzar hoy mismo a efectuar el tipo de cambio que sin dudas fortalecerá a la congregación, más allá de lo que ocurra en su comunidad. Podrá ver a su iglesia a la luz del reino de Dios y equipar a su congregación para hacer frente a cada desafío de la vida. Su presencia en la comunidad podrá superar todos los cambios, las amenazas y las adversidades.

De usted y de su congregación dependerá hacer la voluntad y la obra de Dios en *la* iglesia actual. Se trata de un llamamiento santo a una vida santa de servicio al Señor. Usted podrá fijar su obra para el reino sobre el trasfondo de la comunidad en que se halla sin tener que ceder jamás un centímetro a la destrucción furtiva de la maldad y el cambio que trae consigo. Usted y los miembros de la congregación pueden decidir hoy mismo no ceder un solo centímetro más al diablo, al sistema mundano que siempre se opone a la voluntad del Señor ni a la lascivia de hombres y mujeres que viven en esa comunidad.

Dedíquese de todo corazón a *la* iglesia que Dios le ha encomendado. Mi oración es que usted soporte allí con gozo las cargas y las aflicciones del liderazgo del reino hasta que la congregación sea transformada a la semejanza de Cristo. Y pido al Señor que, mientras usted lucha con las necesidades cotidianas de su iglesia en la tierra, también pueda mirar al cielo y hacia el futuro a fin de obtener la inspiración y la certeza de la perfecta gloria del reino de Dios.

Haga una pausa ya mismo y pídale a Dios que le dé la valentía para buscarlo a Él, para conocer su divina voluntad y cumplirla. Pídale fortaleza para dirigir a su congregación y amarla así como Él la ama. Pídale que le permita ver a su iglesia y a su comunidad tal como Él las ve. Pídale con humildad que le muestre lo que Él desea que su iglesia sea en el futuro.

Agradezca al Señor por haberlo llamado y escogido. Rinda su vida y su obra a los propósitos divinos. Decídase hoy mismo y lidere *la* iglesia a la que ha sido llamado.

Y ahora veamos lo que comprender el reino de Dios y su divina voluntad puede hacer para que su iglesia sea la mejor posible.

Capítulo 4

DESCUBRAMOS LA REALIDAD DEL REINO

LA MIRADA DE AQUELLA JOVEN me indicó que tenía una pregunta más por formular. Yo terminaba de hablar del reino de Dios a un grupo en su iglesia y varios de los presentes nos quedamos allí de pie para conversar. No obstante, ella no se había quedado para disfrutar del compañerismo ni de la conversación.

Luego de vacilar por un minuto, se me acercó y dijo:

—¿Puedo preguntarle algo sobre lo que habló?

—Desde luego —le respondí—. Sentémonos aquí mismo, en la primera fila.

—Sencillamente no comprendo —expresó—. He leído la Biblia por años y nunca vi lo que usted mencionó esta noche. Siempre creí que mi vida como cristiana debía estar centrada en mi matrimonio, mi familia y mi iglesia. Sin embargo, usted habló de algo que nunca antes había oído.

Le pedí que tratara de recordar algún momento de su vida en el que hubiera aprendido acerca del reino de Dios o lo hubiera leído en las Escrituras.

Lo pensó por unos segundos y luego respondió:

—Siempre creí que el reino de Dios era algo que ocurriría con el fin de los tiempos, cuando Cristo regrese a la tierra. Nunca pensé que lo que enseñó Jesús tuviera importancia para mí en estos momentos.

Mientras ella hablaba, evoqué las muchas veces en que descubrimos algo importante en nuestra vida, algo que había estado todo el tiempo delante de nuestros ojos, pero que por alguna razón no habíamos podido ver ni descubrir hasta entonces. Es como cada vez que se me pierden las llaves, la billetera, un bolígrafo, un boleto de viaje u otro artículo personal. Siempre están cerca, en el mismo lugar donde los había dejado, pero por alguna razón no puedo verlos.

Para casi todos los creyentes, así es el reino de Dios: allí está, pero por alguna razón no pueden verlo. Jesús enseñó sobre el reino de un modo sumamente claro. En su primer sermón en Galilea, centró sus palabras en el reino de Dios, pero es fácil pasar por alto el significado. Dijo: "El tiempo se ha cumplido, y el reino de Dios se ha acercado; arrepentíos, y creed en el evangelio" (Mar. 1:15). En medio de esas dos breves oraciones, se halla la verdad del mensaje de Jesús: el reino de Dios está aquí, ya mismo.

Regresemos ahora a mi conversación con la joven.

—Bueno —prosiguió ella—, debo admitir que he leído acerca del reino de Dios, pero estoy confundida. ¿De qué reino habla Jesús? ¿Dónde está ahora? ¿Soy yo parte del reino ahora, o lo seré alguna vez más adelante? —Se acomodó en el asiento y prosiguió—. Cuando usted habla del reino de Dios, no estoy segura de a qué se refiere.

Conversamos un buen rato en aquella ocasión. Le expliqué que en la Biblia, el *reino* se refiere a la soberanía de Dios en la vida de su pueblo. Eso hace que el pueblo pueda servir a Dios de todo corazón y viva la clase de vida por la que Jesús murió. En otras palabras, el *reino* de Dios, en su forma más sencilla, es la soberanía de Jesucristo como Señor y Rey de nuestra vida. Es su Espíritu Santo que obra en nosotros, a través de nosotros y alrededor de nosotros de modo tal que realmente vivamos y cumplamos la voluntad de Dios. Mediante el reino podemos vivir la vida para la cual Dios nos creó, una vida en su máxima expresión.

¡Eso es en definitiva la fe cristiana! Es lo que el Señor desea que tenga cada uno de nosotros. Es la vida que separa a los cristianos auténticos de

las personas que hacen "cosas de cristianos". Una vez que usted lo comprenda, ya no volverá a pensar como antes sobre lo que es una iglesia y por qué la frecuenta. Ya no vivirá su vida del mismo modo y experimentará una satisfacción que antes solo había imaginado.

El *reino* nada tiene que ver con doctrina desconocida ni reglas difíciles. Se trata de vivir la vida que Dios desea que usted disfrute. Es una vida digna de descubrir, digna de vivir, una vida de auténtico gozo y entusiasmo. La vida en el reino de Dios no implica una existencia protegida y prudente, sin riesgos, sin fracasos ni logros, carente de entusiasmo. Es una vida auténtica, en el sentido de que todo lo que enfrentamos es auténtico. La vida está repleta de cosas buenas y malas. Experimentamos gozo y penas, triunfos y derrotas. La vida en el reino no es un escapismo, sino una relación. Se trata de vivir al más alto nivel humano incluso en medio de la más baja experiencia humana. Es ir a "toda máquina", con los ojos bien abiertos, en línea recta hacia una vida indescriptible.

En la Biblia se usa el término *reino* de diversas maneras. A veces se refiere a la soberanía universal de Dios sobre toda la creación. Dios es soberano sobre todo el universo y en ese sentido todo está sujeto al dominio de Él. A veces el reino es una referencia directa a la nación de Israel. Esta fue destinada a ser una teocracia (nación gobernada por Dios) e incluso cuando se ungía a reyes, todos reconocían que Dios reinaba sobre su pueblo en aquella nación. Una tercera aplicación es a la que uno alude con más frecuencia: el próximo reino terrenal de Cristo en su venida. La cuarta aplicación es en cuanto a la soberanía de Cristo en la vida de su pueblo. Toda iglesia con éxito se centra en esta aplicación de *reino*.

El reino de Dios es la realidad por excelencia del universo, y hasta que lo comprendamos y vivamos según sus verdades, no podremos vivir la vida en plenitud. En este momento, mientras usted lee estas páginas, el reino de Dios está presente en nuestro mundo y en cada persona cuyo rey es el Señor. El *reino* es real y es algo que le pertenece a usted.

Jesús hizo que el reino de Dios fuera el punto focal de su enseñanza, su predicación, su ministerio y su vida. Él describió a su comunidad de creyentes como "la iglesia" solo dos veces en los evangelios, pero se refirió al reino casi 90 veces. El reino es la experiencia de Dios en la vida diaria. Poder ver el reino es ver el mundo como lo ve Dios, es como tener gafas de visión nocturna.

Desde que usted comenzó a asistir a la escuela dominical, le dijeron que debía buscar el reino de Dios, pero usted no podrá hacerlo a menos que sepa de qué se trata. Es como salir a cazar patos silvestres: "los reconocerá cuando los vea". Sin embargo, usted no está seguro de lo que debe buscar o de qué hacer cuando lo encuentre. Una cacería de patos silvestres podría fracasar, pero el *reino* está a su alcance y es algo digno de procurarse. ¡Es algo verdadero y es verdadera vida en Cristo!

Muchos no nos identificamos con conceptos sobre reyes y reinos. Cuando pensamos en un rey, nos imaginamos al legendario rey Arturo o quizás evocamos la noción negativa de un soberano corrupto. Ni los monarcas ni las monarquías tienen mucho apelativo en nuestro continente, de modo que se nos podrían confundir los pensamientos al hablar del reino de Dios.

Me recuerda al viejo refrán que solía escuchar de niño: "¡Es tan claro como el lodo!" Era la manera que mis parientes tenían para decir: "Oigo las palabras, pero no entiendo lo que quieres decir". Para muchos creyentes el reino de Dios es algo tan claro como el lodo. Es poco lo que nos enseñan y, en consecuencia, nuestra comprensión y nuestro entusiasmo por las cosas del reino sencillamente no son parte de la vida.

Es mucho más fácil en España y en otras monarquías europeas donde es una institución respetada y valorada. Incluso en países no monárquicos la gente suele interesarse por la familia real. Sin embargo, interesarse en una monarquía tradicional y respetarla es insuficiente para comprender lo que significa en esencia el reino de Dios. Para valorar mejor lo que significa, debemos regresar en el tiempo a los días en que Jesús vivió y ministró en la tierra.

Los judíos del primer siglo entendían mejor el concepto de un reino porque estaban acostumbrados a ver reyes y reinas que ejercían autoridad. En efecto, su historia está repleta de reyes, reinas y gobernantes de Israel y Judá, como así también en las naciones vecinas. Los actos heroicos de Saúl, David, Salomón y otros monarcas eran legendarios en Israel. La vida y la época de los reyes fueron tan importantes que se dedicaron cuatro libros del Antiguo Testamento exclusivamente a la historia y al destino de Israel y Judá bajo el liderazgo de dichos reyes.

En la vida de los judíos nunca hubo confusión con respecto a que Jehová era el auténtico rey de la nación y también de las demás naciones. David, el rey más amado de Israel, escribió y entonó hace mucho tiempo estas palabras:

> Tu reino es reino de todos los siglos,
> y tu señorío en todas las generaciones (Sal. 145:13).

Otro salmista escribió:

> Jehová es Rey eternamente y para siempre (Sal. 10:16).

El profeta Isaías escribió magníficas palabras para expresar la futura esperanza de Israel en el anuncio del Mesías que vendría. Al hablar sobre la maravilla de proclamar las buenas noticias de su llegada, escribió en Isaías 52:7:

> ¡Cuán hermosos son sobre los montes los pies del que trae alegres nuevas, del que anuncia la paz, del que trae nuevas del bien, del que publica salvación, del que dice a Sión: ¡Tu Dios reina!

La lealtad de los israelitas a Dios era algo fundamental y obligatorio, pero sea que lo reconocieran o no, el Señor reinaba sobre todas las cosas.

Y sigue reinando.

El reino de Dios es lo máximo que nuestra fe y nuestra vida pueden alcanzar. Es el escenario donde se manifiesta la persona del Señor en plenitud. Es el lugar donde la verdad nos sale al encuentro y tiene absoluto sentido, el lugar donde andamos por la fe y no solo por la vista. Es aquello que cada creyente espera y aquello por lo cual vive cada día, el lugar donde la voluntad de Dios se cumple sin cuestionamientos. El reino es el lugar donde se magnifica y se glorifica al Señor.

El reino de Dios es donde deseamos estar, ya libres del pecado, la tentación y la destrucción que vemos a nuestro alrededor en el mundo. El reino de Dios es el panorama grandioso y completo de lo que somos en el Señor Jesucristo. Es la plena revelación de los propósitos magníficos de un Dios soberano. Allí encontramos la naturaleza, el dominio, la soberanía y los súbditos de Dios.

El reino es el lugar donde los divinos propósitos universales y celestiales superan el pecado y la rebelión de sus hijos. Es el lugar donde se reúne todo (la creación, la redención, el pueblo de Dios, sus propósitos eternos y su magnífico poder) y llega a tener absoluto sentido para nosotros al experimentar su presencia divina. ¡Comenzamos a comprendernos a nosotros mismos a la luz de la verdad, la sabiduría y la persona de nuestro Dios trino y soberano! Es donde se encuentran el cielo y la tierra en la persona y la soberanía de Cristo.

El reino de Dios es donde todo siempre está en su debido lugar. El reino de Dios es la hermosura y la gloria de Dios donde Él es exaltado y reina. El reino vendrá cuando Jesucristo regrese a la tierra. Cuando Él venga, el reino que ahora vivimos en nuestro corazón se verá de un modo que nadie puede imaginar en este momento.

¿Puede usted ver cuán esencial es comprender plenamente lo que es el reino de Dios? Si no lo comprendemos con claridad en el mundo actual, entonces:

- No veremos a Dios obrar entre nosotros.
- Confiaremos poco en lo que Cristo ha hecho, hace y hará.
- Trataremos de hacer cosas para Él y nunca experimentaremos que Él haga cosas por medio de nosotros.
- No oraremos con eficacia, no haremos lo que se nos ordena, no consagraremos nuestra vida ni resistiremos las dificultades del ministerio como es debido si hemos de cumplir el llamado de Dios en nuestra vida.

—¡Pastor Ernesto! —se oyó desde el pasillo, fuera de la oficina—. Soy yo —dijo Juan, otro pastor de la ciudad, amigo de Ernesto—. ¿Qué novedades tienes, Ernesto? —preguntó.

—Pues, nada. Solo me preguntaba qué hacer para que aquí el potencial se transforme en una realidad —respondió Ernesto.

—Bueno, no tengo todas las respuestas —contestó Juan— pero creo que Dios tiene un plan perfecto para nosotros y nuestras iglesias, aun cuando no siempre podamos verlo. Creo que debemos conectarnos con el plan de acción del reino de Dios y tener siempre presente hacia dónde vamos.

Juan ayuda a Ernesto a comprender una de las tareas primarias en el liderazgo de una iglesia. Cada iglesia debe tener un enfoque en el reino. Para ello, un pastor debe comprender la verdadera naturaleza del reino de Dios. Recuerde que el reino era el punto central de la vida terrenal, de la enseñanza, de la predicación y del ministerio de Jesús. Él nos llamó a ese reino, del cual somos ciudadanos y líderes.

El reino de Dios no es un recurso que debamos usar, una teoría que debamos explorar ni un acontecimiento que debamos aguardar. Es la realidad fundamental del mundo en que vivimos, es la experiencia de Dios en nuestra vida diaria. A través del reino, comprendemos mejor todo lo que nos rodea. En el reino vemos la victoria que anhelamos y la esperanza que tenemos en Cristo. No es un sueño, un concepto ni un anhelo irreal. Es la presencia de Dios en cumplimiento de todos sus propósitos en nuestra vida y nuestro mundo.

Cuando entro en sintonía con el reino, incluso en mis peores días, siento como si me elevara hacia algo sublime. Cuando estoy en la iglesia, siento que es donde tengo que poner manos a la obra. En lugar de procurar construir "mi" reino en dos hectáreas de terreno, veo el *reino* por lo que es en realidad.

El reino de Dios está donde todo es perfecto. Es donde el Señor gobierna y los ángeles lo sirven, pero nosotros estamos aquí abajo, en la tierra, ante la realidad de la vida. La tierra es donde ocurren las guerras, los rumores de guerra y el hambre, un lugar donde a la gente se le arruina la vida. La tierra es donde hay homicidios y divorcios, y donde las familias se destruyen. Es donde la enfermedad ataca a las personas. Y la iglesia está en medio de todo eso. No somos inmunes a nada de ello. De modo que no hable usted de la iglesia "perfecta", como cree que debería ser. Eso no es más que vivir en un mundo de sueños. La tierra es donde se experimenta la realidad de la vida.

Piense en eso como en una especie de "visión bifocal", donde los problemas, las agitaciones y los conflictos diarios están aquí abajo y la perfección del reino de Dios está en el cielo.

¿Cuál es entonces nuestra conexión con el reino? Como creyentes experimentamos estas tres relaciones básicas que surgen directamente de nuestra salvación en Cristo: nuestra relación con el reino, con la iglesia universal y con la iglesia local.

Cuando Dios lo salvó por medio de la gracia en Cristo, lo llamó a una relación viva, dinámica y eterna con Él. Usted llegó a ser hijo de Dios por la fe y seguirá siéndolo para siempre. De ahora en adelante, ya nunca habrá en su vida un momento en que no esté en relación con Dios. Usted será libre para adorarlo por el resto de su vida en la tierra y lo adorará para siempre en el cielo.

Asimismo, la salvación lo relaciona a usted con otros de una forma inmediata. Forma parte de una familia que comenzó en la creación y que continuará hasta que todos estemos juntos en el cielo. En la actualidad usted tiene una relación con todos los verdaderos creyentes del mundo entero. Somos semejantes en nuestra salvación a través de Cristo aunque no vivamos cerca unos de otros, ni tengamos el mismo color de piel, ni hablemos el mismo idioma ni compartamos la misma percepción del mundo. Al mismo tiempo somos parte de un cuerpo más cercano de creyentes: la iglesia local.

¡Cuán maravilloso es ser parte del mismísimo *reino* del Cristo que gobierna en la vida de su pueblo! Sí, aquí y ahora.

Capítulo 5

LA VISIÓN PERFECTA Y CON ENFOQUE

ES LUNES OTRA VEZ, Ernesto está sentado a su escritorio y contempla con desesperación los acontecimientos planeados para esta semana. Por instinto sabe que no podrá cumplir con todo. Se acumulan las presiones y la frustración va en aumento. Nunca en su vida había pensado que algo escaparía a su control. El éxito que experimentó anteriormente en la escuela, los deportes y la vida en general lo ayudó a desarrollar la autoestima y la confianza en sí mismo. Sin embargo, pastorear es más difícil de lo que jamás se hubiera imaginado. ¿Cómo podrá desenredar esa maraña de oportunidades, exigencias y cuestiones que impiden que él y la iglesia se pongan en marcha?

Algo tiene que pasar. Está agotado de tanto intentar con cosas que no funcionan y de girar en círculos dentro de una rutina carente de resultados visibles. Si alguna vez usted se sintió así, cansado de hacer cosas que no funcionan, continúe con la lectura. Recién comenzamos nuestro recorrido.

En los diez últimos años hice un descubrimiento: la mayoría de las iglesias no tiene un *enfoque* en el reino. Eso significa que tampoco tiene un enfoque en la Gran Comisión. Sin un enfoque en la Gran Comisión, los programas y los ministerios que se llevan adelante cada semana no están coordinados de manera natural y con frecuencia parece que compitieran entre sí. Cuando las cosas dejan de parecer novedosas y la congregación manifiesta menos interés, se cambian los programas y se agregan nuevos ministerios.

¿Le suena conocido? Usted ha agregado un programa tras otro y ha probado un método tras otro, pero nada cambia en realidad. Su congregación no se vio transformada, ni aumentó la fidelidad, ni estuvo más dispuesta a servir, a pesar de su máximo esfuerzo en tal sentido. ¿Alguna vez se ha sentido como si fuera un representante de ventas de una empresa secular al presionar, promocionar y prometer excelentes ganancias de todos esos programas, acontecimientos y recursos?

También he hecho otro descubrimiento interesante: cuando se agregan programas, productos, acontecimientos y métodos nuevos *¡jamás se quita nada!* Hasta las iglesias pequeñas procuran hacer demasiado, cada vez necesitan más tiempo y recursos, pero es menos lo que pueden dar. ¿Alguna vez se ha sentido agotado por esforzarse con cosas que no funcionan? Yo sí y sé que usted también. ¿No deseó alguna vez poder detenerlo todo y sencillamente comenzar de nuevo?

El *enfoque*… es algo bastante sencillo como para comprenderlo, pero difícil de lograr. Le he prometido que descubriríamos algunas cosas que usted puede hacer para tener un ministerio gratificante y una iglesia sana, pero para eso tenemos que reconocer al menos algunos de los problemas. El primero es casi invariablemente la falta de *enfoque*.

Si le pregunta a los miembros comunes y corrientes de cualquier iglesia por qué asisten, obtendrá una amplia gama de respuestas. Algunos van a servir. Otros van por tal o cual ministerio o por la predicación. Otros van a ganarse respeto o a causa de su propia desesperación. Si pide a las mismas personas que describan el propósito de la iglesia, tal vez den respuestas razonables, pero la conducta de ellas sugiere otra cosa. Hay muchos que parlotean respuestas lógicas sobre la naturaleza y el propósito de la iglesia, pero solo hay que observar lo que les molesta de su iglesia, ver qué es lo que exigen o a qué le dedican tiempo y así uno podría darse cuenta de que en realidad no comprenden lo que es una iglesia ni la razón de su existencia.

Toda iglesia necesita un *enfoque*. No un enfoque cualquiera, sino un *enfoque* en el reino. Algunas iglesias tienen su enfoque en el crecimiento, mientras otras lo tienen en los interesados en el evangelio. Hay iglesias que lo tienen en la adoración o tal vez en el pastor. La lista de opciones es interminable: evangelización, misiones, ministerios, causas sociales, etc. ¿Pero cuántas tienen un enfoque en el reino? Sin ese enfoque, faltarán los ingredientes clave de lo que el Señor desea para las iglesias y se seguirán acumulando las frustraciones. Que las iglesias cambien de pastor, que los pastores cambien de iglesia, que cambien los programas y los métodos o que se agreguen "más cosas" solo empeora el panorama.

Una iglesia con enfoque en el reino tiene dos cosas en claro: mayordomía y ministerio. La mayordomía es vertical en el sentido de que una iglesia local se somete a la autoridad y el servicio del Padre. Lo que hacemos es la voluntad, la verdad y la obra del Padre. Nos concentramos en Él, lo servimos a Él y no a nosotros mismos. El ministerio es horizontal en el sentido de que una iglesia se concentra en las personas. Un pastor no centra la atención en sí mismo sino en su mayordomía ante Dios a fin de servir al pueblo de Dios. Predica la Palabra de Dios al pueblo de Dios. Equipa al pueblo de Dios para la obra de Dios. Lleva el evangelio de Dios a las personas de su comunidad. La relación es entre Él (Dios) y ellos (el pueblo de Dios).

Un *enfoque* verdadero comienza con Dios y alcanza a las personas a quienes Dios ama y con quienes desea establecer una relación. Los métodos, los programas, los cultos de adoración, los acontecimientos, las actividades y demás detalles similares van *después* del enfoque en el reino. Solo cuando el enfoque se presente en este orden tendrán éxito las demás prioridades y los demás programas.

Una vez me tocó pastorear una iglesia que tenía una piscina. ¡En serio! Era una piscina equipada con trampolines, vestuarios, asientos para tomar sol y mesas para picnic. Cada iglesia tiene alguna característica que la diferencia de otras, pero nosotros podíamos jactarnos de ser la única iglesia, en cientos de kilómetros a la redonda, que tenía piscina.

Varios detalles me molestaban con respecto a esa distinción en particular. En primer lugar, puedo decir con franqueza que, si de mí depende, ninguna iglesia tendría jamás una piscina. De uno u otro modo, siempre puedo encontrar cosas que puedan disfrutarse más o ser más constructivas que nadar. Además, si uno tiene una piscina, hay problemas en los que algunos nunca piensan: la responsabilidad civil, los costos de mantenimiento, los gastos del personal y la siempre subestimada satisfacción del cliente. Después vienen todas las reglas necesarias para administrar una piscina con eficiencia.

Los problemas aparentan ser sencillos cuando uno tiene su propia piscina o cuando administra una piscina comunitaria como servicio público. Sin embargo, piense en esto por un momento: ¿Quién es el dueño de la piscina de una iglesia? ¿Quiénes son los clientes? ¿Quién tendrá derecho a usarla? ¿Acaso los miembros de la iglesia y las visitas deberían pagar para usarla? En ese caso, ¿hay consecuencias para la exención impositiva de la iglesia ante el gobierno? ¿Cuánto contribuye a la Gran Comisión una piscina en la iglesia? Bien, se imagina la complejidad del asunto.

En cualquier iglesia, sea cual fuere ese programa o esa prioridad que uno tenga en marcha y que no apunte directamente a la Gran Comisión, con frecuencia suele ser motivo de controversias. A mí todas esas preguntas me cayeron como de golpe. El problema comenzó cuando el comité de recreación me informó que había una pérdida de agua en la piscina y que eso ocasionaba un gasto mensual enorme. Yo soy solo un predicador, pero sé que ese problema es serio hasta para una piscina olímpica, que es lo que teníamos. Nos reunimos y decidimos que la piscina debía cerrarse "hasta nuevo aviso".

Lo que nunca me habría podido imaginar era que ese "nuevo aviso" se presentaría en la forma de una reunión convocada de prisa por ciertos miembros preocupados. Pidieron que yo me presentara con explicaciones de por qué se había cerrado la piscina. Me sorprendió ver quiénes vinieron. Algunos eran nuestros mejores nadadores y quienes venían a broncearse con más frecuencia, pero debo admitir que la mayoría eran miembros que jamás habían siquiera usado la piscina. La reunión se volvió hostil y descubrí que yo estaba defendiendo algo que poco me importaba. La piscina tenía escaso valor para mí, pero la controversia generada a raíz del cierre se había constituido en un problema del que debía ocuparme.

Una noche salí de visita con un diácono, a quien amo y en quien sigo confiando hoy día. Al salir de una casa, ya de regreso a la iglesia, mencioné la controversia sobre la piscina. En su manera sencilla y directa de expresarse, me dijo algo que nunca olvidaré: "Pastor, yo en su lugar me apartaría de toda la cuestión de la piscina. Dejaría que el comité se encargue de eso y no intervendría".

Lo pensé y tenía absoluto sentido. No todo problema que tiene un pastor es en realidad un problema "pastoral". Yo me estaba ocupando de algo que en realidad no era importante, nada tenía que ver con mi llamamiento a predicar y me distraía del verdadero trabajo que debía hacer.

Usted y su iglesia necesitan un *enfoque* en el reino. Es necesario que comprenda lo que es el reino de Dios y cómo deberá vivir, liderar, trabajar, predicar y enseñar por la causa del reino. Si nunca comprendió la importancia del reino de Dios en la vida y las enseñanzas del Señor, entonces lo exhorto a detener todo lo que lo ocupa en estos momentos y a comenzar una increíble travesía por las Escrituras para descubrir ese significado para su vida y su ministerio.

Veo que muchos pastores y líderes de iglesias han reemplazado el plan de acción del reino de Dios por el propio y eso es algo catastrófico. Lo sé porque por muchos años me ocupé de pastorear iglesias con mis propios planes de acción. Los métodos para el crecimiento de la iglesia, las especulaciones sobre los últimos tiempos, los programas, las causas sociales y los asuntos políticos son importantes, pero no son nada en comparación con el reino de Dios y su soberanía en el mundo actual. En muchas congregaciones dejamos a Dios de lado mientras procuramos edificar nuestra iglesia, nuestra vida y hasta nuestros pequeños reinos personales. Ya he escrito esto antes, pero deseo volver a decirlo: "Todo lo que comience con el hombre o se dedique al hombre jamás se dedicará al reino de Dios".[1]

En la actualidad hay muchos recursos excelentes al alcance de pastores e iglesias. Tenemos los mejores seminarios, así como libros, conferencias y pastores que ministran a las iglesias más sensacionales de la historia. Hoy más que nunca hay recursos que abordan la naturaleza de la iglesia del siglo XXI, contamos con estudios científicos, estudios demográficos, encuestas de opinión y otros recursos de esa índole.

Sin embargo, debo agregar que casi ninguno de esos elementos se ocupa de la dificultad de reparar lo que está roto en las congregaciones de diversas partes del mundo. Hablamos de métodos, declaraciones de propósito, planes de discipulado, estrategias de evangelización, contacto social con los miembros de nuestra cultura y demás, pero seguimos pasando por alto el verdadero problema que define nuestra existencia en la tierra como creyentes.

Pensemos en eso por un momento. ¿Qué problema tenemos actualmente en la tierra? Si usted tuviera que resumirlo todo en *un* solo problema fundamental, ¿qué diría?

¿Es la economía mundial? ¿Es la educación? ¿Es la paz? ¿Es la justicia? ¿Es el crecimiento de la iglesia? ¿Es la naturaleza de la inspiración bíblica? ¿Es la persona de Cristo?

La respuesta a esa pregunta será determinante con respecto a la vida personal, la familia y el matrimonio, la carrera y el futuro personal. Sin embargo, esa respuesta definirá en especial a su iglesia. En el mundo actual nuestro problema fundamental es el progreso del reino de Dios mediante comunidades del reino que denominamos "iglesias".

Cristo expresó muchas veces ese imperioso problema teológico para cada generación. Él no hizo que el problema central fuera la iglesia, ni la experiencia personal del creyente, ni siquiera la comodidad, la prosperidad, la salud, la paz, la educación ni la religión.

Lea las palabras del Señor a continuación y vea si puede deducir cuál es el problema central de nuestra generación.

> El Hijo del Hombre no vino para ser servido, sino para servir, y para dar su vida en rescate por muchos (Mat. 20:28).

> Porque el Hijo del Hombre vino a buscar y a salvar lo que se había perdido (Luc. 19:10).
>
> Porque de tal manera amó Dios al mundo, que ha dado a su Hijo unigénito, para que todo aquel que en él cree, no se pierda, mas tenga vida eterna. Porque no envió Dios a su Hijo al mundo para condenar al mundo, sino para que el mundo sea salvo por él (Juan 3:16–17).
>
> Venid a mí todos los que estáis trabajados y cargados, y yo os haré descansar (Mat. 11:28).

En realidad es algo sencillo. Dios nos creó y nos dio el privilegio de vivir y disfrutar una vida increíble. Nuestro pecado arruinó su perfecto regalo, de modo que no hay manera de recuperarlo sino mediante Jesucristo. Todo lo necesario para nuestra restauración y nuestra redención se ha cumplido en Cristo. En todo el universo no hay otra cosa que debamos hacer. Lo que queda es la Gran Comisión.

El enfoque de Jesús era claro. *El problema central del universo en todas las generaciones era la salvación de todos los que vivieran en la tierra.* Es la razón porque Él vino y es la razón porque nos dio la Gran Comisión. Por encima de todo lo demás, llevar personas al reino debe ser nuestro *enfoque* central. Debemos ser evangelistas para Jesucristo. En todo el mundo la gente vive bajo el dominio de Satanás, la influencia del sistema del mundo sin Cristo en su cultura, y la destrucción causada por el desenfrenado apetito de la carne y de la mente. *A partir de ese problema específico la iglesia local debe reaccionar para cumplir con su naturaleza y su propósito.* Allí mismo buscamos recursos para "reparar" aquellas congregaciones que no funcionan.

Podremos hacer todo lo que se nos ocurra para escribir libros sobre mejores métodos, formar a los hombres y las mujeres que sirven al cuerpo de Cristo mediante diversos ministerios, convocar a los pastores para que sean hombres de Dios y líderes excelentes, y estudiar todo lo que queramos acerca de las denominaciones. Sin embargo, hasta que no reconozcamos cuál es el verdadero problema del mundo en que vivimos y lo tomemos en serio, nunca edificaremos, instituiremos ni repararemos las congregaciones. Si fallamos en esto, no estaremos cumpliendo con la Gran Comisión y nuestras congregaciones estarán siempre constituidas por guerreros heridos que jamás experimentarán el poder de la resurrección de Cristo como Él desea que lo conozcan.

La iglesia comenzó con la Gran Comisión. El Señor dijo que quería que fueran al mundo y se ocuparan de una cosa: hacer discípulos. El mandamiento es ir, de modo que conocemos la prioridad número uno de la iglesia local: cumplir la Gran Comisión. Y la prioridad número uno para cumplir la Gran Comisión es ser evangelistas. Casi ninguna iglesia del mundo cristiano evangélico se ha fijado esa como única prioridad. Por eso algunas se preocupan tanto por una piscina.

Es tan fácil hacer cosas buenas y olvidarse de *aquello* que Dios nos encomendó hacer. Casi siempre se le puede "tomar el pulso" a una congregación para ver lo que anda mal. Los líderes se ocupan del ministerio dentro de la iglesia y eso es prácticamente lo único que sucede. Así desarrollamos a toda una generación de gente a la que enseñamos a quedarse sentada, relajándose, mientras el cuerpo pastoral y algunos líderes clave ministran con esfuerzo extremo.

Es el caso de las personas equivocadas que hacen lo correcto en el lugar equivocado. Venimos a la iglesia para capacitarnos, equiparnos y adorar. Venimos a cultivar relaciones. A veces venimos porque nos hemos arrepentido de pecar y, como nos sentimos apesadumbrados o acobardados, venimos para ser ministrados y animados a fin de salir de nuevo a cumplir la Gran Comisión. Cuando usted empieza a evaluar a su iglesia, no cuente la cantidad de bautismos sino las personas que se preparan para cambiar el mundo en los lugares donde viven, trabajan, viajan, se divierten y salen de compras.

No conozco ningún problema de salud de las iglesias que no sea abordado por la evangelización. Es más, el origen de nuestros problemas actuales es que muchas congregaciones han dejado de lado esa prioridad para ocuparse de varias otras cosas. Y en una iglesia local hay muchas cosas buenas para hacer. Existen muchos ministerios y programas excelentes. Sin embargo, nada puede reemplazar a la evangelización.

En la década de 1970, las iglesias evangélicas se veían fuertes y en crecimiento incluso frente al secularismo. Hoy día, la maldad aumenta en el mundo y las congregaciones parecen confundidas en cuanto a qué hacer al respecto. Se ha evaporado la fuerza que acumulamos en las décadas de 1960 y 1970. El siglo XXI llegó con graves desafíos para nosotros y nuestras iglesias. Entre ellos:

- Modernismo/postmodernismo: afirma que no existe la verdad absoluta ni hay una verdadera naturaleza humana.
- Islam: una religión de venganza y retribución que constituye la confesión de crecimiento más rápido en el hemisferio occidental.
- Cristianismo cultural: descripto por Pablo en 2 Timoteo 3:5 como: "[Hombres] que tendrán apariencia de piedad, pero negarán la eficacia de ella".

Si la iglesia perdió el enfoque, a nadie podemos culpar sino a nosotros mismos. Cuando perdimos la prioridad de la evangelización en nuestras iglesias, perdimos nuestro efecto como sal y luz del mundo. No nos han capacitado, ni desafiado ni guiado a ser sal y luz.

La gente se queda sentada y ora por un avivamiento. También debemos orar por la capacitación de testigos fieles que salgan para ser sal y luz. Oremos para estar dispuestos a compartir este maravilloso evangelio con otros.

En nuestra vida, usted y yo necesitamos tres cosas que son importantes si esperamos conservar el *enfoque* en el reino, crecer en Cristo y, lo más importante, ser eficaces como ministros de Él en este mundo. Jesús presenta esos tres fundamentos en el Evangelio de Juan. Si los hace parte de su propia vida, siempre sabrá que está en buenas relaciones con Dios. Sean cuales fueren sus sueños y sus circunstancias, sin importar cuánto éxito o fracaso haya experimentado usted, cuando esas tres cosas están presentes en su vida, siempre tendrá el equilibrio que necesita. Cuando estén presentes en la iglesia, solo así seremos la iglesia que cumple la Gran Comisión. Y veremos a personas que vienen a experimentar la plenitud en Jesucristo.

El primer fundamento es la fe o la confianza. En Juan 14:1, Jesús dijo: "No se turbe vuestro corazón; creéis en Dios, creed también en mí". Ese es el llamamiento por excelencia. "Porque de tal manera amó Dios al mundo, que ha dado a su Hijo unigénito, para que todo aquel que en él cree, no se pierda, mas tenga vida eterna" (Juan 3:16).

La experiencia de creer en Él comienza con la fe. La fe, en sí misma, no tiene valor. La fe siempre comienza con un objeto. Si usted deposita su fe en la iglesia, tendrá problemas. Si deposita su fe en un pastor, tendrá problemas. Si deposita su fe en una denominación, tendrá problemas. Si ha depositado su fe en una nación, tendrá muchos problemas porque la nación podría ser incoherente. De igual manera, ni un pastor ni una iglesia ni una denominación tendrán la coherencia suficiente como para guiarlo en su rumbo por el pantano donde experimentamos la vida diaria. A todos nos han decepcionado las personas, los programas, los acontecimientos y las organizaciones, pero el Señor dijo: "Creéis en Dios, creed también en mí" (Juan 14:1). Todo comienza con la fe.

¿Qué es lo opuesto a la fe o la confianza? El temor. Le garantizo que si usted y yo mantuviéramos una conversación, tarde o temprano descubriríamos que hay temor en nuestra vida. El temor siempre es la antítesis de la fe. El temor es la gran herramienta del enemigo. El mundo nos ataca por lo que somos en Cristo y comenzamos a atemorizarnos. El futuro nos atemoriza. Tenemos miedo de volar y de comer. ¡Tememos a todas esas cosas y aun más! El temor surge y se nos agota la fe en nuestra vida porque dejamos de confiar en Jesucristo. Tenemos miedo de evangelizar a los perdidos. Estamos empantanados. Y así permanecemos en el sitio exacto donde el enemigo quiere que estemos. Experimentamos un temor más allá de lo tolerable y no sabemos cómo controlarlo. La única manera de lograrlo es confiar en Cristo. Un discípulo no puede vivir una vida de temor.

El segundo fundamento del que Jesús habla es el amor. En Juan 15, Jesús dijo: "Como el Padre me ha amado, así también yo os he amado; permaneced en mi amor… Este es mi mandamiento: Que os améis unos a otros, como yo os he amado. Nadie tiene mayor amor que este, que uno ponga su vida por sus amigos" (Juan 15:9,12–13).

El mundo en que vivimos está inundado de frases gastadas sobre el amor. Sin embargo, el amor genuino siempre nos motiva a actuar. Esas acciones motivadas por el amor pueden hacer que el mensaje sea irresistible para un mundo herido y frecuentemente sin propósito. Jesús dijo: "En esto conocerán todos que sois mis discípulos, si tuviereis amor los unos con los otros" (Juan 13:35).

Gálatas 5:22–23 dice: "Mas el fruto del Espíritu es amor, gozo, paz, paciencia, benignidad, bondad, fe, mansedumbre, templanza; contra tales cosas no hay ley". El fruto del Espíritu significa la ausencia de las obras de la carne o la dependencia de la carne, lo cual puede destruirnos. Ningún don del Espíritu Santo se usará con eficacia si no hay amor. Si una iglesia no tiene amor, pero tiene al mejor pastor, los mejores líderes y lo mejor de todo lo que se nos ocurra, no servirá de nada porque el fruto del Espíritu no se manifestará.

Dios establece una relación con nosotros mediante la presencia del Espíritu Santo, el cual fructifica en nuestra vida para que podamos amarnos unos a otros. No todos nos ponemos de acuerdo. Si usted y yo pasáramos suficiente tiempo juntos, habría algo en lo cual estaríamos en desacuerdo. Tal vez tengamos la esperanza de ponernos de acuerdo en todo, pero con el tiempo estaríamos en desacuerdo sobre algo porque no opinamos igual, ni tenemos la misma experiencia personal ni iguales tendencias. Claro que Dios no se dejó acobardar por eso porque era consciente de que la experiencia de nuestra vida de ningún modo podría compararse con la presencia del Espíritu Santo para conducirnos al amor mutuo. "Amados, amémonos unos a otros; porque el amor es de Dios. Todo aquel que ama, es nacido de Dios, y conoce a Dios. El que no ama, no ha conocido a Dios; porque Dios es amor" (1 Jn. 4:7–8).

El amor de unos por otros. Todas las iglesias lo tienen, todas lo necesitan.

El tercer fundamento, dice Jesús, es que debemos guardar su Palabra, o sea: obedecerlo. La vida cristiana gira alrededor de la fe, el amor y la obediencia. Cuando usted resuelva esas áreas, lo tendrá todo en orden. Jesús dijo: "Si me amáis, guardad mis mandamientos" (Juan 14:15). Y agregó: "Si guardareis mis mandamientos, permaneceréis en mi amor; así como yo he guardado los mandamientos de mi Padre, y permanezco en su amor" (Juan 15:10). Dallas Willard lo expresó bien en su libro *Renovation of the Heart* [La renovación del corazón], al escribir: "La obediencia es el resultado supremo de la formación espiritual cristiana".[2]

¿Por qué nos mandó Dios hacer ciertas cosas como obedecerlo? ¿Le parece que fue para hacernos pensar al respecto mientras nos rascamos la cabeza? Cuando nos manda ser santos o salir y hacer discípulos o ser benignos unos con otros, ¿lo hizo porque quería que nos detuviéramos a pensar en eso y "rumiarlo" por cierto tiempo? No. Lo hizo porque desea que lo sigamos a Él y hagamos todo lo que nos manda.

En muchas ocasiones he experimentado que se me empieza a secar un poco el "tanque de amor" en una iglesia. Es cuando uno ya se ha cansado de todo. ¿Alguna vez se cansa usted de su familia? Claro que sí. A veces los miembros de la familia suelen sacarse chispas entre sí. Así funcionan las relaciones personales. Cuando baja el nivel de mi "tanque de amor", no significa que mi obediencia saldrá volando por la ventana ni que mi fe marchará insegura. Cuando la fe comienza a escasear y el temor comienza a reemplazarla, eso no me exime de obedecer al Señor.

Me gusta algo que dijo un predicador. Dijo que estamos acostumbrados a cantar el himno "Obedecer y confiar en Jesús". Sin embargo, cuando no podemos confiar en Él, aun así hay que obedecerlo. Me gusta eso. Aun así andamos en santidad. Cuando el tanque de mi obediencia anda algo escaso, no significa que yo tenga derecho a dejar de amar a las personas. Lo opuesto a la fe es el temor. ¿Qué es lo opuesto al amor? Casi todos diríamos que el odio, pero no. Lo opuesto es el egoísmo.

Siempre sé que se me está secando el "tanque de amor" cuando empiezo a pensar cada vez más en mí. Quiero que yo y mis exigencias vayan primero, quiero lo que necesito y como yo creo que tiene que ser. Para la iglesia, cada vez que eso comienza a suceder es una plaga. El egoísmo es la raíz de todo pecado. El pecado de la independencia, el de la autogratificación, el de la autoglorificación. ¿Qué es lo opuesto a la obediencia?

La rebelión. No es tan solo la desobediencia, sino la rebelión absoluta contra Dios.

Además, el egoísmo me conduce a concentrarme en mí mismo y no en la principal tarea de la iglesia. Es difícil mantener un *enfoque* que sea real, estable y dedicado a la Gran Comisión para evangelizar y difundir el mensaje de salvación. Hay que ocuparse de ese enfoque todo el tiempo; hay que ajustarlo de manera constante y seguir avanzando. La recompensa es una iglesia que invierte la energía y los recursos en una obra que funciona, en lugar de, tarde o temprano, devenir hacia la frustración y el fracaso.

De modo que el enfoque espiritual se resume en fe, amor y obediencia. Del *enfoque* de la evangelización procede el *enfoque* de la transformación espiritual. Hacer discípulos siempre es prioritario. Desarrollar a los creyentes llega siempre en segundo lugar. No hay opciones ni motivos de debate. Edificar la vida del creyente a la semejanza de Cristo y que se multipliquen a través del ministerio es el *enfoque* en el reino para la iglesia.

Tener un enfoque es ver con claridad lo correcto y actuar luego en razón de lo que se ve. *La* iglesia que usted pastorea debe tener el *enfoque* correcto y ese es el enfoque en el *reino*. Debe concentrarse en el Rey y en su divino plan de acción. Debe comprenderlo, experimentarlo y hacer lo que Él ordene.

Capítulo 6

LO QUE ES Y LO QUE NO ES LA IGLESIA

EL PASTOR ERNESTO CUELGA EL TELÉFONO y vuelve a mirar una vez más su cuaderno de notas. Ha comenzado a ver algunas desventajas en su criterio y evalúa la frustración que ha estado experimentando. Al reflexionar mientras garabatea con el bolígrafo, le surge una duda.

"Si un restaurante sirve comida a los clientes y un hotel les proporciona habitaciones, ¿qué hace entonces una iglesia? —se pregunta—. ¿Qué es y qué hace una iglesia?"

Esa pregunta es el tema central, es *la* pregunta que debe formularse todo pastor de todo lugar. Si no respondemos a esa pregunta, entonces nunca sabremos si lo que hacemos es correcto o no. Sin la respuesta, no tendremos el enfoque adecuado ni la perspectiva del reino sobre lo que experimentamos cada día. Tal vez Ernesto no lo sepa, pero ha comenzado a dar pasos decisivos para llegar a ser un pastor excepcional. A veces solo se necesita una combinación de fracasos, frustraciones y humildad para superar las limitaciones y constituirse en un líder eficaz en el reino. Uno de los mejores resultados es que la iglesia y la congregación se beneficiarán en gran manera con lo que está a punto de descubrir.

Hoy en día, uno de los mayores problemas de las congregaciones es que son escasas las personas que comprenden la razón suprema de su existencia. Por lo tanto, no es novedad que las personas, los líderes y las iglesias "pasen de largo" sin haber reconocido jamás lo que es esencial y también lo que impide el éxito.

Una iglesia local es un cuerpo de creyentes, único en su tipo, ubicado en algún lugar específico del mundo. Cada iglesia es parte del idioma, la sociedad, la cultura y la geografía de su entorno. Las costumbres, las creencias, las experiencias y la historia de la población de cualquier región en particular influyen en la iglesia local. Esos factores la conforman y es tal la influencia que ejercen, que las iglesias de diversos países y lugares son diferentes entre sí. A la vez, la iglesia local es una de las herramientas más poderosas de Dios. Sin embargo, para que Dios llegue a cada persona, debe obrar por medio de los creyentes que viven cerca de dicha persona.

El propósito de una iglesia local es alcanzar a la gente para Cristo en un lugar determinado. La responsabilidad principal es alcanzar a las personas que Dios ha puesto cerca de esa congregación local. Al respecto, el tamaño de la congregación nunca ha sido importante. No se trata de cuántos miembros tiene la congregación, sino cuán dispuestos están esos miembros a ver el verdadero objetivo: la vida eterna para quienes no conocen a Cristo y están apartados de Él.

Deseo reflexionar sobre este asunto porque pasar por alto esta verdad de la definición es pasar por alto la verdadera naturaleza de Dios, lo que Él hace en Cristo y lo que realmente caracteriza a una iglesia. Todo cuerpo de creyentes que reconocemos como iglesia local es una comunidad del reino donde cada creyente es parte del reino de Dios. El propósito expreso de la existencia de la iglesia es establecer el reino de Dios, su gobierno y su soberanía en la vida de las personas de la comunidad donde funciona la iglesia. La iglesia local es una comunidad del reino y existe para mucho más que su mera subsistencia.

¿Qué es exactamente una *iglesia*? Me gusta la definición que A. H. Strong publicó hace muchos años en su teología sistemática. En una parte dice:

> La iglesia individual puede definirse como una compañía más pequeña de personas regeneradas de una

> comunidad determinada, que se unen por propia voluntad y de conformidad con las leyes de Cristo, con el propósito de procurar el total establecimiento de su reino divino en ellas y en el mundo.[1]

También hay muchas otras definiciones. Y a pesar de que varias me gustan mucho, aquí me arriesgaré a sugerir mi propia definición. En el capítulo 2 la expresé de una manera algo diferente, pero me gusta esta declaración concisa:

> Una iglesia local es una comunidad del reino de los creyentes que viven una comunión dinámica bajo el señorío de Cristo. Su propósito es establecer el reino al cumplir la Gran Comisión, con el anhelo de ver a cada persona completa en Cristo mediante el discipulado, el desarrollo de los creyentes y la expansión de los ministerios de la iglesia.

Jamás sustituyamos la condición central del reino de Dios y el plan de acción del reino por otro enfoque para nuestra vida y nuestras iglesias. No es correcto que tengamos planes de acción individuales o propios de la iglesia local o de la denominación. Hay *un* solo plan de acción: el que fue establecido y puesto en marcha por el Padre mediante la obra de su Hijo. El plan de acción de Dios debe ser nuestra única preocupación. No es algo que exista en teoría ni como cierto ideal abstracto, sino que es un verdadero plan de acción para la redención de todo aquel por quien murió Cristo, y debemos dar la vida por el cumplimiento del plan. Es un plan de acción que cumplimos en forma individual en el contexto de una iglesia local. El impulso central para el plan de acción del reino de Dios debe proceder de las iglesias locales, del esfuerzo de aquellas comunidades del reino para cumplir con fervor la Gran Comisión.

Observemos con detenimiento la definición para entenderla con mayor claridad y comentarla, sin dejar de tener presente que la Escritura es siempre nuestra fuente y nuestra autoridad en cuanto a la fe y a la práctica.

Una *iglesia* local es una unidad de creyentes que se reúnen en un lugar específico. En ese lugar, los creyentes suelen hablar un idioma en común, reciben la influencia de una cultura en común y con frecuencia pertenecen al mismo grupo étnico, por nacimiento o por opción. Desde luego, hay muchas variantes en la constitución de las iglesias locales, pero por lo general tienen esas características.

El reino de Dios no tiene geografía, ni niveles sociales, ni diferencias económicas, ni cultura propia, ni grupos étnicos. No obstante, una iglesia local como comunidad del reino debe existir en algún lugar con ciertas personas que tienen algo en común. Una iglesia local no es el reino de Dios, aunque sea parte de él.

Además, una iglesia local no es "la iglesia". Algunos llaman "la iglesia" a la iglesia "universal" o, en forma errónea, a la iglesia "invisible". Cuando decimos "la iglesia" nos referimos a todos los creyentes de todos los tiempos (pasado, presente y futuro).

Una *iglesia* local está constituida por los creyentes que se congregan para adorar y servir al Señor, según ellos mismos entienden lo que Él es y desea que ellos sean y hagan.

En un libro anterior, *The 7 Churches NOT in the Book of Revelation* [Las siete iglesias que no están en el Apocalipsis],[2] escribí sobre los diferentes tipos de iglesias locales que se desarrollan en comunidades específicas, según los miembros y el entorno. Una vez establecidas, las iglesias de un tipo en particular tienden a atraer miembros nuevos compatibles con sus características. Ellas son:

- La iglesia-universidad: donde se hace énfasis en la enseñanza, el aprendizaje y la doctrina
- La iglesia-auditorio: orientada a la adoración, donde lo esencial es el espectáculo que se monta
- La iglesia-empresa: grande, compleja, eficiente y concentrada en una visión
- La iglesia-máquina: orientada a programas y concentrada en el edificio, las misiones y la administración de tareas

- La iglesia-familia: basada en lazos familiares, donde tienen prioridad las relaciones personales
- La iglesia-tradición: rica en tradición o costumbres, con frecuencia concentrada en un gran acontecimiento o una gran personalidad del pasado
- La iglesia-centro comunitario: dedicada al servicio a la comunidad y a los problemas locales

Sea cual fuere el tipo de iglesia en que esté, usted es parte de un cuerpo de creyentes que se han puesto de acuerdo. Es interesante que hablemos de una iglesia como de un "cuerpo". Cuando usted piensa en el cuerpo humano, es probable que piense en sus funciones: cardiovascular, respiratoria, neurológica, etc. Las funciones manifiestan las tareas que son importantes para el cuerpo.

De igual manera, una *iglesia* puede describirse como un cuerpo que tiene ciertos miembros que cumplen ciertas tareas. En toda iglesia local hay individuos que tienen dones espirituales que deben usarse en el cuerpo. Utilizamos dichos dones para ministrar a otros miembros del cuerpo a fin de que puedan ser edificados, sustentados y puedan mantenerse saludables.

El Espíritu Santo produce el fruto del Espíritu para permitir buenas relaciones, lo cual habilita a los miembros de la iglesia a usar con eficacia sus dones espirituales. Piense en el fruto espiritual y en los dones espirituales por un momento. El propósito del fruto es la relación, y el propósito de cada don es la función.

> Mas el fruto del Espíritu es amor, gozo, paz, paciencia, benignidad, bondad, fe, mansedumbre, templanza; contra tales cosas no hay ley (Gál. 5:22–23).

Tal vez usted nunca haya notado que cada fruto nos faculta para tener buena relación unos con otros. Debido a que el propósito del fruto del Espíritu es la relación, allí no vemos un don ni una tarea. No hay nada que uno haga con el fruto del Espíritu. El fruto es esencial porque sin él no son posibles las relaciones del reino. La presencia del fruto del Espíritu crea un ambiente donde pueden florecer los dones espirituales.

> Si yo hablase lenguas humanas y angélicas, y no tengo amor, vengo a ser como metal que resuena, o címbalo que retiñe. Y si tuviese profecía, y entendiese todos los misterios y toda ciencia, y si tuviese toda la fe, de tal manera que trasladase los montes, y no tengo amor, nada soy. Y si repartiese todos mis bienes para dar de comer a los pobres, y si entregase mi cuerpo para ser quemado, y no tengo amor, de nada me sirve. El amor es sufrido, es benigno; el amor no tiene envidia, el amor no es jactancioso, no se envanece. (1 Cor. 13:1–4).
>
> De manera que, teniendo diferentes dones, según la gracia que nos es dada, si el de profecía, úsese conforme a la medida de la fe; o si de servicio, en servir; o el que enseña, en la enseñanza; el que exhorta, en la exhortación; el que reparte, con liberalidad; el que preside, con solicitud; el que hace misericordia, con alegría. El amor sea sin fingimiento… Amaos los unos a los otros con amor fraternal (Rom. 12:6–10).
>
> Mas el fin de todas las cosas se acerca; sed, pues, sobrios, y velad en oración. Y ante todo, tened entre vosotros ferviente amor; porque el amor cubrirá multitud de pecados. Hospedaos los unos a los otros sin murmuraciones. Cada uno según el don que ha recibido, minístrelo a los otros, como buenos administradores de la multiforme gracia de Dios. Si alguno habla, hable conforme a las palabras de Dios; si alguno ministra, ministre conforme al poder que Dios da, para que en todo sea Dios glorificado por Jesucristo, a quien pertenecen la gloria y el imperio por los siglos de los siglos. Amén (1 Ped. 4:7–11).

¿Puede ver en estos pasajes la relación inconfundible del fruto del Espíritu con los dones espirituales en la vida de los creyentes? Es lamentable que los creyentes solo procuren descubrir y usar sus dones espirituales sin comprender la obra necesaria del Espíritu Santo que los faculta a estar en buena relación con los demás creyentes. Dios produce el fruto espiritual en nuestra vida que, en combinación con los dones espirituales, permite llevar adelante la obra de la iglesia.

Debemos comprender la tarea esencial de desarrollar y conservar relaciones saludables dentro de una iglesia local. En tanto dichas relaciones no ocupen el lugar de nuestra relación individual con el Padre, eso será la voluntad de Él para nosotros. Su voluntad es que le pertenezcamos y que nos pertenezcamos también los unos a los otros, que nos amemos y que nos sirvamos mutuamente.

Entonces, nuestra primera relación como *iglesia* es con Dios en Cristo como parte del reino. Nuestra segunda relación es con los demás creyentes de nuestra iglesia. La tercera relación que tenemos es con los incrédulos. Pasar por alto las relaciones con los perdidos que nos rodean es pasar por alto la Gran Comisión. Al examinar el *enfoque* de una iglesia en el capítulo anterior, vimos que la Gran Comisión es la clave para comprender lo que Dios hace ahora en nuestro mundo. El problema central del universo es la redención de aquellos que se han apartado de Dios. Cada día, Dios atrae a grandes cantidades de personas para reconciliarse con Él y lo hace mediante la iglesia como agente de su redención.

No se puede comprender el significado de la vida sin una comprensión del Señor y de su amor divino por nosotros. De igual modo, no se puede comprender la vida cristiana sin una comprensión de que la voluntad de Dios es que testifiquemos a quienes nos rodean. Dios nos ha puesto en la vida de ellos con este propósito. Hasta que no comprendamos esto y nos decidamos a testificar a los perdidos de un modo regular y activo jamás tendremos vidas cristianas completas ni tampoco será completa la vida de la iglesia. Recuerde que *la prioridad número uno de la iglesia local debe ser la evangelización*. El encargo de evangelizar es claro en las Escrituras. La salvación de las personas de todo el mundo es el único modo de transformar las sociedades y las culturas. La única manera de que su iglesia y la mía crezcan es mediante la evangelización.

Sea cual fuere nuestra decisión con respecto a la condición de nuestras iglesias, no debemos olvidar que Dios las ha colocado en lugares específicos del mundo. Tal vez estemos en vecindarios florecientes o decadentes, pero estamos en comunidades de personas que buscan las respuestas que solo nosotros tenemos. Quizás el lugar donde estamos nos guste o nos atemorice, ¡pero ahí es donde estamos! Las iglesias locales son precisamente eso: congregaciones de creyentes que existen para responder al problema central de nuestro universo. Es decir, que las personas perdidas en el pecado tienen a su alcance la misericordia, la gracia y la salvación que Dios ofrece. El reino de Dios se ha acercado y esas personas pueden ser redimidas de la maldición del pecado.

¿Y qué de las organizaciones paraeclesiásticas? Para mí son grupos que concentran la atención en planes de acción específicos del reino. Pueden concentrarse en la familia, los estudiantes, los profesionales o los atletas. Tal vez se concentren en el discipulado, la evangelización o incluso la adoración. Se concentran en una parte de la misión de la iglesia local, pero nunca se concentran en el todo. A pesar de todo lo bueno que hagan, nunca reemplazarán a las iglesias locales y su misión.

Algunos dicen que las organizaciones paraeclesiásticas existen para reforzar lo que las iglesias locales han pasado por alto. Si eso es cierto, los líderes de esas iglesias locales deben ocuparse de reforzar lo que esté faltando. No podemos reemplazar lo que Dios puso en su debido lugar. En realidad, muchas organizaciones paraeclesiásticas ayudan a determinados creyentes, pero la función de ellas no es fortalecer a las iglesias locales.

El punto fuerte de las iglesias locales es la oportunidad de cumplir la Gran Comisión en un entorno local. La Gran Comisión comienza en algún lugar y termina en todo lugar, de modo que hay lógica en lo que se nos ha encomendado. Debemos alcanzar a las personas para Cristo donde sea que se encuentren nuestras iglesias. La comunidad donde está su iglesia es el campo misionero que Dios le ha dado. No se preocupe por las características demográficas de su iglesia. No se preocupe por el índice de criminalidad, ni el ingreso anual promedio de los pobladores, ni si las calles están bien pavimentadas y arboladas para ofrecer comodidad y seguridad. La razón de que usted esté donde está es alcanzar a las personas que lo rodean. Antes se pensaba en el área de influencia de la iglesia, en los alrededores. Nuestro modo de vivir actual se diferencia del pasado en que somos más urbanos y nos movilizamos más. Ya no se considera tanto la distancia de la casa a la iglesia para determinar dónde nos congregaremos. Sin embargo, si bien la distancia no es un factor de peso, la proximidad sí lo es para cumplir la Gran Comisión. Nos reunimos en lugares específicos para alcanzar a quienes están en dichos lugares y sus alrededores.

No se deje engañar por la idea de tener una iglesia urbana o regional y no alcanzar a quienes la rodean. Si esas personas tienen características diferentes a las suyas, la responsabilidad que usted tiene en sumisión al señorío de Cristo es superar esas barreras para evangelizar a dichas personas y ministrar a sus necesidades. Son parte de la responsabilidad del reino que le cabe a usted, y usted debe guiar a su congregación para que reconozcan dicha responsabilidad y luego la cumplan. No se movilice hacia otras zonas; movilícese para alcanzar a las personas de su entorno.

Vivimos en un tiempo de gran egoísmo e insensibilidad. Desde que nacimos nos han enseñado a ser autosuficientes, independientes y seguidores de nuestro propio criterio. Se nos anima a tolerar el credo de los demás y a apoyar el derecho que tienen a creer o no creer en lo que sea. Yo nunca le negaría a una persona su derecho a creer o no creer en algo, pero eso no excusa de manera alguna mi responsabilidad de vivir bajo la autoridad del Señor y testificar del evangelio a cada persona que pueda.

A pesar de todas las restricciones culturales que protejan nuestra privacidad, usted y yo estamos aquí para hacer discípulos, y punto. Nuestras iglesias están aquí para discipular, y punto. Si es difícil, que así sea. Si va contra la cultura, lo lamento. Ya sea que nos resulte fácil o difícil, tenemos la responsabilidad de obedecer los mandamientos de Dios.

El reino de Dios consiste en la belleza de todo lo que tenemos en Cristo. Es bello y perfecto en toda dimensión. Sin embargo, la *iglesia* es una comunidad del reino en un mundo destruido. Es el lugar donde se congregan los creyentes en contacto con la vida diaria. Es un grupo de creyentes en medio de un grupo de pecadores. Las iglesias funcionan en medio de la inmundicia de vidas deshechas y de personas inmorales. Se erigen a pesar de la oposición de llevar el evangelio a aquellos que necesitan del Señor pero no lo quieren.

Una *iglesia* local está donde se cruza la calle del reino con la calle de su comunidad, el futuro y el presente. Es un lugar donde se adora al Señor y se alcanza a los perdidos. Está donde Dios invade la vida de la tierra por medio de su pueblo. Está donde Cristo viene a conquistar la indolencia de la prosperidad y los gemidos de la miseria. Está donde Él anuncia el fin de la esclavitud del pecado y de las luchas del fracaso. Está donde Él sale a nuestro encuentro, a la medida de nuestra necesidad, y nos reconforta a la medida de nuestro temor.

La *iglesia* que usted pastorea es agente del reino, colocada allí por la voluntad de Dios para ser sal y luz a personas desorientadas o sin esperanza. Es un cuerpo dinámico de creyentes que existe para exaltar al Señor y ocuparse de sus objetivos divinos. Es la familia de Dios que desarrolla relaciones entre las personas y les indica el camino al Padre Celestial.

El reino siempre ha sido el reino y jamás cambia, pero la *iglesia* es dinámica y está en permanente cambio. El reino es universal, pero la *iglesia* es en esencia local. Las iglesias son parte de la cultura, y presentan la variedad de los distintos idiomas, razas y características sociales. El reino supera a todas esas características. El reino de Dios contiene a la iglesia y las iglesias existen en nombre del reino de Dios.

Para ser una *iglesia* con enfoque en el reino, debemos eliminar los conceptos falsos y las confusiones sobre lo que es una iglesia local. Es un puesto de avanzada en un campo de guerra donde se desarrolla la vida diaria. No es una fortaleza para esconderse ni un edificio espléndido para impresionar a quienes pasen por la puerta. No; una iglesia es una congregación de personas de verdad, que viven una vida de verdad y luchan con problemas de verdad. Es un lugar de la tierra donde los peregrinos emprenden la travesía hacia la eternidad. Es un lugar donde ocurre toda lucha imaginable y se comete todo tipo de pecado. Es un lugar de transformación y milagros. Es un lugar donde Dios nos sorprende de modos inesperados, impredecibles y desconocidos.

Necesitamos pastores y líderes de iglesias que comprendan lo que es una iglesia y estén dispuestos a trabajar para ver que su iglesia llegue a ser lo que Dios desea. Necesitamos hombres de Dios que guíen al pueblo de Dios a que cumplan la voluntad divina en las comunidades donde viven. Necesitamos iglesias que tengan el enfoque en el reino y no se conformen con menos.

Dios lo llamó a usted a la obra esencial de ser líder de su pueblo. Usted se siente llamado, porque de lo contrario no habría llegado a leer tanto de este libro. No renuncie ni se dé por vencido. Aprópiese del enfoque y luego logre que su iglesia tenga el enfoque de llegar a ser lo que Dios exige. El enfoque está a su alcance... búsquelo. Lo invito ahora a continuar con la lectura y ver lo que puede hacer en concreto para que su iglesia sea *una iglesia con enfoque en el reino.*

Capítulo 7

CÓMO FUNCIONA UNA IGLESIA CON ENFOQUE EN EL REINO

PARA QUE ERNESTO GUÍE A SU IGLESIA y logre el enfoque necesario, le hará falta más que un manual para liderar una iglesia perfecta. Su experiencia, tal como la de un piloto novato de fórmula uno, debe ir más allá de su habilidad para conducir. Además de tener que predicar, enseñar y pastorear, deberá también liderar a su congregación para que se convierta en lo que Dios desea. Ernesto se ha cuestionado la naturaleza de la iglesia, y una vez que la entienda como comunidad dinámica de creyentes, deberá comprender de inmediato cómo funciona.

En otras palabras, deberá ser capaz de poner en práctica lo que ha aprendido. Deberá combinar, con éxito, un enfoque en el reino con una estrategia del reino. El paso clave para ser un líder exitoso es aprender cómo funciona una iglesia. Por fortuna, nuestro joven pastor no necesitará más que una Biblia para encontrar ayuda. La Biblia, y el Nuevo Testamento en particular, nos refleja en forma vívida la naturaleza de la iglesia local y los principios de cómo crecer de manera saludable y eficiente.

Ahora que hemos visto lo que es una iglesia con enfoque en el reino, veamos cómo funciona. El Nuevo Testamento nos dice que hay cinco funciones que cada iglesia necesita llevar a cabo para cumplir con la Gran Comisión. Esto significa que más allá de las diferentes condiciones sociales, étnicas, económicas y cualquier otra, estas cinco funciones interrelacionadas son esenciales para establecer y mantener un enfoque en el reino y llegar a ser una iglesia exitosa.

Estas funciones no son nuevas. En realidad, son antiguas y conocidas. Son más bien comunes que innovadoras y quizás usted las haya oído mencionar millones de veces. No obstante, si contempla a su iglesia con sinceridad y atención, podrá llegar a descubrir que solo está poniendo en práctica una o dos de ellas. Son fáciles de entender y de enumerar pero difíciles de llevar a la práctica, y es aún más difícil comprometerse con eso a largo plazo. Sin embargo, eso es lo que debe hacer para edificar una iglesia con enfoque en el reino.

Antes de que pueda aplicarlas a su iglesia, debe aplicarlas a usted mismo. Estas funciones se pueden administrar en una iglesia solo cuando uno las ha incorporado a la propia vida y siente de corazón que debe cumplirlas. Si usted se sienta a quejarse o a esperar que otro se ocupe de implementarlas en la congregación, esperará para siempre y su iglesia nunca logrará lo que podría haber logrado.

Hechos 2 describe estas cinco funciones de toda iglesia con enfoque en el reino como parte de lo sucedido después de la predicación de Pedro en el día de Pentecostés. Allí se explica en detalle por primera vez cómo crecería la iglesia y se expandiría el mensaje del evangelio después de la muerte de Jesús, por medio de los discípulos y otros seguidores cristianos. Las cinco funciones juntas son las que guían a la iglesia a ser una iglesia con enfoque en el reino, una iglesia eficaz y poderosa.

Evangelización

La evangelización cristiana es el proceso de compartir el evangelio con los perdidos y ganarlos para Cristo, lo cual les permite entrar al reino de Dios. Es pedirles que se arrepientan de sus pecados, depositen su fe en Cristo para obtener el perdón de los pecados y recibir el regalo de la vida eterna, y luego seguirlo siempre como Señor. La evangelización consiste en las buenas noticias que los creyentes proclaman y viven en su vida.

Pedro describió el proceso de la evangelización a sus oyentes en Hechos 2:38–41:

> Pedro les dijo: Arrepentíos, y bautícese cada uno de vosotros en el nombre de Jesucristo para perdón de los pecados; y recibiréis el don del Espíritu Santo.
>
> Porque para vosotros es la promesa, y para vuestros hijos, y para todos los que están lejos; para cuantos el Señor nuestro Dios llamare. Y con otras muchas palabras testificaba y les exhortaba, diciendo: Sed salvos de esta perversa generación. Así que, los que recibieron su palabra fueron bautizados; y se añadieron aquel día como tres mil personas.

Como ya hemos visto, la evangelización es la meta fundamental de la iglesia con enfoque en el reino, y todo lo que la iglesia haga tiene que contribuir, de un modo u otro, con el logro de dicha meta. También es cierto que el crecimiento de la iglesia es imposible sin la evangelización. Ningún ministro, creyente ni iglesia puede decir que cree en la salvación por medio de la gracia de Jesucristo y no compartir estas noticias con el mundo en cada oportunidad que se le presente.

Las buenas noticias del reino de Dios son el punto focal de la evangelización. En el Antiguo Testamento las buenas noticias se vislumbran en el llamado de Dios a su pueblo elegido, Israel, al rescatarlos de la esclavitud en Egipto y luego, del exilio en Babilonia. En el Nuevo Testamento las buenas noticias de Dios se vislumbran en Jesús. Los primeros creyentes consideraban que compartir el mensaje de salvación era una responsabilidad y un privilegio. La persecución y el temor no pudieron detenerlos, ni tampoco minimizar el poder que Dios les había dado.

Hay diferentes maneras de evangelizar. El mejor método para usted y su iglesia podría ser distinto del que usa otra iglesia de la zona u otra iglesia de la misma denominación en otra ciudad. Quizá unos prefieran hacerse amigos de las personas antes de testificarles, mientras otros no tienen problemas en acercarse a un extraño. Sin embargo, usted desea llevar a cabo la tarea que Dios le ha dado a su pueblo, quiere compartir el evangelio con cada persona cuanto antes le sea posible. Los métodos que use son importantes, pero no tan importantes como el esfuerzo y el resultado final.

Es lamentable que nos apresuremos a debatir y argumentar sobre la metodología mientras los que no son salvos perecen a nuestro alrededor. El "cómo" jamás debe ocupar el lugar del "por qué".

Dios nos salvó y nos usa para que llevemos el mensaje de salvación a los demás. La misión de Dios es redimir a los pecadores del pecado, y el método para hacerlo es valerse de nosotros para que compartamos la Palabra redentora y llevemos adelante el ministerio de redención en el mundo.

Pareciera que cuanto más crece la población mundial, aumentara a su vez el número de cristianos e iglesias que practican cada vez menos la evangelización. Esta puede cambiar el mundo para bien. Solo observemos la obra de los grandiosos reformadores como Juan Calvino, Martín Lutero o Juan y Carlos Wesley. Su fervor evangelístico transformó naciones y culturas enteras. Ignorar una oportunidad para evangelizar puede hacer cambiar para peor el curso de la historia, así como evangelizar en el nombre de Cristo puede cambiarlo para mejor.

Después de que Marco Polo regresó de la magnífica corte imperial del Kublai Kan en 1296, escribió sobre el encargo que el poderoso Kan le hiciera de pedirle al Papa que enviara a 100 sacerdotes que enseñaran la fe cristiana a sus súbditos. Luego, según Polo, el Kublai Kan dijo: "Permitiré que me bauticen. Toda la nobleza también se bautizará al seguir mi ejemplo, y mis súbditos en general harán lo mismo. A la larga, los cristianos de estos lugares serán más que aquellos que habitan su propio país".

Polo concluyó: "De esta conversación surge que si el Papa hubiera enviado a personas altamente calificadas para predicar el evangelio, el gran Kan se habría convertido al cristianismo por el que tenía una fuerte predilección".

El Papa pudo enviar solo a dos frailes para evangelizar en China y ambos regresaron al llegar a mitad de camino bajo el argumento de que el viaje era demasiado difícil. ¡Imagínese cuán diferente habría sido el mundo hoy si se hubiese aceptado la invitación de Kublai Kan!

Como pecadores redimidos por la sangre de Cristo tenemos la obligación de compartir las buenas nuevas con aquellos que nunca han respondido u oído de ellas. Hemos experimentado la salvación; hemos tenido la experiencia del poder del Espíritu Santo que ablandó nuestro corazón y nos dio la convicción para aceptar el evangelio. Sabemos lo que se siente al arrepentirse, al depositar la confianza en Cristo y vivir la vida como un hijo perdonado. ¡Este es un sentimiento que ni siquiera los ángeles han experimentado!

La evangelización es esencial en la iglesia con enfoque en el reino. Es una señal de que los líderes de la iglesia y los miembros tienen solidez espiritual. Es una señal de que la iglesia está viva y es saludable, y de que produce nuevos creyentes, una nueva generación de creyentes para que lleven adelante el mensaje de Dios.

Discipulado

Aunque el discipulado es algo sumamente conocido y debatido, tal vez sea la función que menos se practica y más débil de la iglesia. El discipulado es un recorrido de toda una vida de obediencia a Cristo que transforma los valores y la conducta de una persona, y que da como resultado el ministerio en el hogar, la iglesia y el mundo. Es un proceso de enseñanza a los nuevos ciudadanos del reino de Dios donde aprenden a amar, confiar y obedecer a Dios, y donde se les enseña a ganar y capacitar a otros para que hagan lo mismo.

Lucas describe el discipulado en Hechos 2:42–43:

> Y perseveraban en la doctrina de los apóstoles, en la comunión unos con otros, en el partimiento del pan y en las oraciones.
>
> Y sobrevino temor a toda persona; y muchas maravillas y señales eran hechas por los apóstoles.

La gran cantidad de seminarios, libros, conferencias y artículos que se ofrecen y surgen sobre el discipulado nos muestra que hay mucho interés en este tema. Los miembros de la iglesia y los líderes manifiestan un interés genuino por el discipulado y es evidente que reconocen la importancia que tiene. No obstante, es una pena que por lo general se *hable* más de lo que se *hace* debido a que el discipulado significa una transformación completa. Requiere de la constante atención y el total compromiso de los líderes y los miembros de la iglesia.

El discipulado es una disciplina exigente y no es opcional. Pablo lo expresó en detalle a los efesios, cuando describió: "a fin de perfeccionar a los santos para la obra del ministerio, para la edificación del cuerpo de Cristo" (Ef. 4:12). Jesús nos ordena en la Gran Comisión que enseñemos "que guarden todas las cosas" que Él nos ha mandado (Mat. 28:20). También les recuerda a aquellos que serían sus discípulos que deberían estar preparados para sacrificarse.

> Y decía a todos: Si alguno quiere venir en pos de mí, niéguese a sí mismo, tome su cruz cada día, y sígame. Porque todo el que quiera salvar su vida, la perderá; y todo el que pierda su vida por causa de mí, éste la salvará (Luc. 9:23–24).

En una cultura donde algunos tienden a encubrir asuntos serios, el discipulado requiere de una dedicación y una intensidad que mucha gente no entiende. El comienzo para llegar a un entendimiento de la tarea de cada creyente y cada congregación es una comprensión acabada de que el discipulado no es una opción para los creyentes y requiere que uno tome su cruz y siga día a día a Cristo.

El discipulado es una función necesaria en la iglesia con enfoque en el reino. Los miembros de la iglesia y los líderes se acercarán más a Cristo a medida que se involucran en el servicio a Él. Cuanto más se parezcan los creyentes a Cristo, más se asemejarán sus vidas a la perfección inmutable del ejemplo de Cristo.

La idea del discipulado no se pone mucho en práctica debido a que va en contra del rumbo que lleva la cultura contemporánea. Hoy estamos bombardeados por el mensaje de que lo único que importa en la vida es el individuo, cada hombre en sí mismo. "Sea egoísta, haga lo que sea para salir adelante porque… ¡usted lo vale!" Esto es exactamente opuesto a lo que les sucedió a los discípulos. La vida de un discípulo se caracteriza por la lucha, el peligro, la contrariedad y, a veces, terribles sufrimientos. Once de los doce apóstoles experimentaron una muerte violenta como resultado de la obra, y la de algunos fue demasiado macabra hasta para imaginarla: lapidación, crucifixión invertida, ser despellejado vivo.

Espero que ninguno de nosotros sufra tan horrible destino. Sin embargo, necesitamos comprender que nada en la vida cristiana es natural ni fácil, y que discipular a otros es la tarea más difícil que le toca hacer a la iglesia. Se espera que dediquemos la vida a la evangelización del mundo y a discipular a los creyentes. Ante Dios no tenemos mayor compromiso que estar dispuestos a ir a cualquier lugar a cumplir con la misión redentora para el mundo mediante la evangelización y el discipulado.

Comunión

La comunión más que un sentimiento mutuo de buena voluntad en una congregación, es el resultado de una relación espiritual íntima que los cristianos tienen con Dios y los demás creyentes a través de la relación con Jesucristo. No se da en una comunidad de creyentes en forma natural sino que proviene del poder de Dios que obra por medio de ellos y en ellos.

La Biblia describe los días siguientes a Pentecostés de esta manera:

> Y perseveraban en la doctrina de los apóstoles, en la comunión unos con otros, en el partimiento del pan y en las oraciones.
>
> Y perseverando unánimes cada día en el templo, y partiendo el pan en las casas, comían juntos con alegría y sencillez de corazón, alabando a Dios, y teniendo favor con todo el pueblo (Hech. 2:42,46–47).

Después de la venida del Espíritu Santo en Pentecostés, hubo un compañerismo único. Los seguidores de Jesús comenzaron a compartir las comidas unos con otros y a adorar juntos brindándose amistad y apoyo mutuo. De todas las actividades con las que Cristo podría haber simbolizado su relación con la humanidad, escogió la comida. Resulta claro el simbolismo de alimentar, fortalecer y nutrir a su pueblo espiritualmente al derramar su perfección en vasijas imperfectas. No obstante, la idea de compañerismo está en igualdad de importancia. La comunión es la experiencia de compartir.

Cuando los cristianos tratan de celebrar la Santa Cena por cualquier otra razón que no sea la comunión de los creyentes, es una señal de que la fe y la iglesia están en problemas. A causa de las divisiones, las disputas y el egoísmo, Pablo les advirtió a los creyentes de Corinto que pondrían en peligro el bienestar de la iglesia si hacían abusos con la Santa Cena. Les advirtió que una iglesia en su condición no debería siquiera participar de un acto tan santo. Les advirtió a aquellos primeros creyentes que tales transgresiones llevarían a la iglesia al desastre.

> Por tanto, pruébese cada uno a sí mismo, y coma así del pan, y beba de la copa. Porque el que come y bebe indignamente, sin discernir el cuerpo del Señor, juicio come y bebe para sí. Por lo cual hay muchos enfermos y debilitados entre vosotros, y muchos duermen (1 Cor. 11:28–30).

Sin la comunión cálida y amorosa ninguna iglesia podrá crecer. La gente no se sentirá bienvenida en un ambiente de pleitos, egoísmo, frialdad y donde la tensión domina el ambiente. La comunión debe seguir a la evangelización y al discipulado para que la iglesia sea el lugar donde los creyentes nuevos se sientan como en casa. Cuando esta comunión se resquebraja, puede estar seguro de que las demás características de una iglesia con enfoque en el reino también faltan o están raídas.

La iglesia no goza de unidad gracias a sus credos o confesiones, ni tampoco por sus programas y sus ministerios, sino que es el resultado de la unidad producida por el Espíritu Santo y el amor de Dios por nosotros, el nuestro por Él y el que existe entre los creyentes. La iglesia es bendecida por el ministerio del Espíritu Santo que nos convence de pecado y nos da vida eterna en Jesús. Él produce el fruto espiritual para edificar nuestra vida. Si no hay verdadera comunión cristiana, es porque el Espíritu Santo no está a cargo de la situación. La transformación se transfiere de mi persona y mi ámbito hacia la otra persona.

Además de ser producto del Espíritu Santo, la comunión alienta a las iglesias a evangelizar. La motivación para alcanzar a los perdidos se estimula e intensifica por el deseo de llevarlos a una comunión con Cristo y con los demás creyentes. La comunión permite que los creyentes experimentemos la riqueza de las relaciones humanas y divinas, y que apuntemos a la eternidad cuando vivamos para siempre con Jesús. La comunión nos permite experimentar ahora lo que es la familia de Dios y nos permite degustar cómo será la familia en el cielo.

Ministerio

Ministrar es suplir las necesidades de otra persona en el nombre de Jesús. Se habla de un servicio a las personas dentro de la familia de la iglesia y, como misiones, a las que están fuera de la iglesia con los recursos que Dios provee. Este ministerio crece como resultado de una vida transformada y de servicio. Probablemente sea la función mejor entendida y que se practica con mayor fidelidad.

Hechos 2:44–45 lo describe de esta manera:

> Todos los que habían creído estaban juntos, y tenían en común todas las cosas; y vendían sus propiedades y sus bienes, y lo repartían a todos según la necesidad de cada uno.

El ministerio cristiano es por naturaleza evangelístico y ayuda a los creyentes a madurar en su fe. Jesús nunca hizo una división entre hacer lo bueno y hacer la voluntad de Dios. Todo aquello bueno que la iglesia primitiva logró lo hizo en el nombre de Jesús y para la gloria de Dios. Los creyentes que mejor llevan a cabo el ministerio son aquellos que se han comprometido con la evangelización y el discipulado. Tal como Moisés dijo en el conocido pasaje de Deuteronomio 8:3: "Para hacerte saber que no sólo de pan vivirá el hombre, mas de todo lo que sale de la boca de Jehová vivirá el hombre". Las necesidades espirituales de una persona son más importantes que cualquier necesidad física.

Hubo épocas en que Dios permitió que los israelitas estuvieran sin comida ni agua en el desierto. Esta experiencia puso a prueba la lealtad del pueblo y les enseñó una lección valiosa: el alimento espiritual es más importante que el refrigerio físico. Jesús reforzó esta verdad fundamental cuando se rehusó a comer durante la tentación en el desierto.

El ministerio no reemplaza a la evangelización pero siempre será parte de una iglesia con enfoque en el reino. La compasión cristiana exige que tengamos que ministrar a cada uno más allá de la raza, la religión, las habilidades o las circunstancias. Debemos suplir las necesidades no según nuestro criterio sino en respuesta a la enseñanza y el ejemplo de Jesús. Tal como Él recordó a sus discípulos en Marcos 14:7 cuando les dijo: "Siempre tendréis a los pobres con vosotros, y cuando queráis les podréis hacer bien; pero a mí no siempre me tendréis".

Usted y yo siempre debemos estar dispuestos a ministrar al pobre con los recursos que Dios nos da. La necesidad humana en el mundo es tan asombrosa que nuestros propios recursos nunca serán suficientes para suplirlas. Como Dios espera que nosotros ministremos, Él nos da el poder y los medios para hacerlo. En efecto, debemos ministrar para ser buenos mayordomos de la fe y de las capacidades que Dios nos ha dado.

Además de ministrar a los del mundo, debemos también ministrar a los de la iglesia. Todos los creyentes tienen dones del Espíritu Santo para ministrar según la voluntad de Dios. Dentro del cuerpo de la iglesia, el ministerio no es tan solo una obligación de los pastores y los líderes sino parte de la expresión y del propósito espiritual de cada creyente.

No podemos ministrar solos. Los líderes que describen a la iglesia como "mi ministerio" dan lugar a que se malentienda la naturaleza del ministerio. Ninguno de nosotros es dueño del ministerio con el cual

Dios nos ha bendecido, sino que solo somos mayordomos. En efecto, la mera idea de "ser dueño" de un ministerio me aterroriza. No hay manera de que pueda, por mí mismo, suplir las necesidades de cada uno en la iglesia que pastoreo o en el ministerio que lidero. Sin embargo, al trabajar junto con los demás creyentes y por el poder del Espíritu Santo, puedo suplir dichas necesidades, tanto fuera como dentro de la iglesia. Y la iglesia crecerá y prosperará a medida que cumple la obra del Señor.

Adoración

La adoración es cualquier actividad en que los creyentes tienen una experiencia con Dios de un modo significativo, espiritual y transformador. La adoración guía a los adoradores a una más profunda apreciación de Dios, una mejor comprensión de sus caminos divinos y un mayor compromiso con Él. La adoración nos pone frente a frente con nuestro Creador y nos acerca más a Él.

Hechos 2:46–47 relata:

> Y perseverando unánimes cada día en el templo, y partiendo el pan en las casas, comían juntos con alegría y sencillez de corazón, alabando a Dios, y teniendo favor con todo el pueblo. Y el Señor añadía cada día a la iglesia los que habían de ser salvos.

La acción más reconocida y evidente de adoración es el culto de la iglesia. En el siglo XXI, la adoración tiene un significado mayor que el que tenía antes. Estamos en una etapa de redefinición y redescubrimiento de la adoración contemporánea. Debemos tener cuidado y velar para que la adoración genuina y de corazón no se pierda en el oropel del entretenimiento popular. Esto no quiere decir que los nuevos enfoques de la adoración sean erróneos o que no debamos intentar cosas nuevas. Usted puede tener una auténtica experiencia de adoración que agrade a Dios, ya sea que tenga un púlpito de madera de pino o de plástico transparente. No obstante el espíritu de adoración debe estar allí. La adoración es lo que más se analiza, lo que más cambia e incluso lo que más nos preocupa en la iglesia de hoy. Sin embargo, la verdadera adoración no depende del ritual. La adoración solo es posible en el corazón del discípulo. La clave es la manera en que vivimos para Cristo y cómo Él nos transforma a diario. Lo que ofrecemos es más importante que lo que nos llevamos.

La adoración real suple las necesidades espirituales de los creyentes mientras que al mismo tiempo atrae y hace participar a los incrédulos. Proviene de los mandamientos de Dios en la Escritura y del corazón agradecido de los redimidos, quienes anhelan estar ante el Señor para adorarlo y reconocer su divina presencia en sus vidas.

Mientras que los estilos de adoración pueden adaptarse por razones prácticas, personales o culturales, la Biblia nos da instrucciones específicas sobre lo que debe ser la adoración. Dios está a cargo de la adoración y espera que lo adoremos según sus directivas. La adoración debe estar dirigida por líderes creyentes, que tengan un enfoque en el reino, que entiendan la cultura y el contexto del cual provienen los adoradores, que sean ellos mismos transformados por la experiencia de adoración y que crean que Dios busca a aquellos que lo adoran en espíritu y en verdad.

La adoración en el Antiguo Testamento tendía a concentrarse en la celebración de fiestas religiosas, en el arca del pacto, en los sacrificios y en el día de reposo. En el Nuevo Testamento el énfasis se traslada a la relación personal con Cristo y al Espíritu Santo que vive en nosotros, lo que otorga a los cristianos una nueva dimensión en la adoración.

Estas cinco funciones, evangelización, discipulado, comunión, ministerio y adoración, describen lo que hace la iglesia con enfoque en el reino. Juntas le dan a cada iglesia lo necesario para crecer y prosperar en el servicio a Cristo. Observemos ahora los resultados que podemos esperar en la iglesia cuando se emplean estas funciones para enriquecer al pueblo de Dios.

Capítulo 8

EXPERIMENTEMOS LOS RESULTADOS DEL REINO

SE ACERCA EL GRAN MOMENTO en que Ernesto se pregunta: "¿Cómo me afecta todo esto? ¿Qué sucede con mi iglesia por tener el enfoque en el reino?"

La respuesta resumida es "suceden cosas buenas, incluso crecimiento numérico". Sin embargo, la respuesta "completa" es más sensacional, gratificante y estimulante que la resumida. Tiene sentido dedicar cierto tiempo a considerar en detalle los resultados que se pueden esperar cuando la iglesia y el ministerio de uno se dedican a la Gran Comisión.

Jesús nos dijo: "Buscad primeramente el reino de Dios y su justicia, y todas estas cosas os serán añadidas" (Mat. 6:33). En estos días, poner en primer lugar el reino es un mandamiento exigente. Hay tantas distracciones y tentaciones que conspiran para atraernos hacia otra meta que es fácil descarrilarse. Sin embargo, si obedecemos a Dios con fe y buscamos primeramente su reino, veremos que Él edifica una iglesia que también cumple otros objetivos. Un enfoque en el reino conduce a obtener los resultados del reino.

Las librerías y los catálogos están llenos de publicaciones que prometen el crecimiento de la iglesia. Hay institutos privados, seminarios y organizaciones denominacionales que hacen lo mismo. Por todas partes surge una amplia variedad de conferencias, publicaciones, talleres, consultores y organizaciones educativas. El énfasis en el crecimiento es positivo, pero mientras la experiencia dependa de métodos y técnicas, las iglesias no cumplirán su potencial en el reino.

El auténtico crecimiento de la iglesia nunca será el resultado de métodos. Es el resultado de la actividad sobrenatural de Dios. A pesar de que muchas personas solo relacionan el crecimiento de la iglesia con el aumento numérico, esa idea es demasiado limitada. Las iglesias existen en un ciclo de nacimiento, desarrollo, crecimiento, estancamiento, decadencia, y a veces la muerte. No obstante, a pesar del ascenso y la caída de una iglesia en particular, el reino de Dios nunca deja de crecer. Las iglesias son agentes vivos del crecimiento del reino, pero no todas las iglesias podrán crecer en número de manera indefinida.

El crecimiento de la asistencia o la cantidad de miembros es lo que más evidencia el crecimiento que tiene una iglesia con enfoque en el reino, y es el aspecto que muchos pastores tienen en cuenta por sobre todos los demás. Es fácil dejar que la asistencia sirva como comprobante del éxito de un pastor. (Admitamos con franqueza que una mayor audiencia le confiere a uno más derechos para jactarse.) En realidad, existen cuatro dimensiones de crecimiento en una iglesia con enfoque en el reino. El verdadero éxito sólo puede evaluarse al considerarlas a todas: el crecimiento numérico, la transformación espiritual, la expansión de los ministerios de la iglesia y el avance del reino.

1. *El crecimiento numérico* es, ni más ni menos, el aumento que Dios produce en la iglesia, lo cual puede medirse en la cantidad de miembros, el número de bautizados y la asistencia a cultos y clases bíblicas.
2. *La transformación espiritual* es la obra de Dios por la cual un creyente cambia a la semejanza de Jesús; esto se refleja en una relación de amor, fe y obediencia de por vida.
3. *La expansión de los ministerios de la iglesia* ocurre cuando los creyentes son transformados espiritualmente por el Espíritu Santo, quien les brinda nuevas oportunidades ministeriales.

4. *El avance del reino* es la obra constante de Dios para extender su reino por medio de la iglesia local cada vez que se gana a una persona para Cristo en algún lugar del mundo.

Como las patas de una mesa, cada una de las cuatro áreas tiene que obrar en armonía con las otras tres para obtener el resultado correcto. Una pata que sea más larga no compensará la longitud escasa de las demás. Después de cierto nivel, concentrarse en una clase de crecimiento a costa del resto en realidad hará más mal que bien. Sin embargo, si su iglesia tiene el enfoque en el reino, experimentará el crecimiento en las cuatro áreas según la perfecta voluntad de Dios.

No puedo expresarle la magnitud de los resultados ni el orden en que se experimentarán, pero le aseguro que son reales. El cumplimiento de la Gran Comisión por medio de las cinco funciones de la iglesia (evangelización, discipulado, comunión, ministerio y adoración) ¡asegura, garantiza y determina que usted experimentará un *crecimiento numérico, espiritual, ministerial y del reino*! Eso es una ley del reino tan absoluta como la ley de la gravedad. Los resultados del reino son evidencias de la actividad sobrenatural de Dios que se manifiestan en el pueblo de Dios, por medio del pueblo de Dios y en torno del pueblo de Dios en las iglesias locales. La actividad de Dios transforma la vida de su pueblo a medida que Él lo utiliza para cumplir sus propósitos divinos para su gloria en todo el mundo.

Crecimiento numérico

A través de las iglesias Dios recoge una cosecha de almas que agrega más personas al cuerpo de Cristo por medio de la incorporación de miembros y de los bautismos. A medida que los creyentes crecen en lo espiritual, Dios aumenta a las iglesias en número. Nos envía al mundo a predicar y a enseñar el evangelio con fervor y convicción. La necesidad de redención es universal y nuestro deber es llevar ese mensaje al mundo.

La asistencia es una medición efectiva de lo que sucede en el crecimiento de una iglesia. Hoy podemos leer informes de iglesias del primer siglo que manifestaban cómo obraba Dios entre ellas. Note con cuánta naturalidad las Escrituras mencionan cifras.

> Así que, los que recibieron su palabra fueron bautizados; y se añadieron aquel día como tres mil personas (Hech. 2:41).
>
> Pero muchos de los que habían oído la palabra, creyeron; y el número de los varones era como cinco mil (Hech. 4:4).
>
> Y crecía la palabra del Señor, y el número de los discípulos se multiplicaba grandemente en Jerusalén; también muchos de los sacerdotes obedecían a la fe (Hech. 6:7).
>
> Y la mano del Señor estaba con ellos, y gran número creyó y se convirtió al Señor (Hech. 11:21).

No hay nada de malo en considerar los números como evidencia de la obra de Dios. El peligro radica en considerarlos como estadística en lugar de como personas, y en utilizarlos como única medida del crecimiento. Hay muchas aplicaciones buenas e importantes para las estadísticas, pero en sí mismas rara vez demuestran algo.

Las cifras indican que el reino de Dios aumenta de manera continua en el mundo. Si no consideramos el valor del crecimiento numérico, menor será nuestra motivación para evangelizar. Así es probable que perdamos la perspectiva del mensaje de la Biblia de que hay un tiempo limitado para que la gente pueda ser salva del pecado.

Como dijo el apóstol Pedro: "El Señor no retarda su promesa, según algunos la tienen por tardanza, sino que es paciente para con nosotros, no queriendo que ninguno perezca, sino que todos procedan al arrepentimiento" (2 Ped. 3:9). Dios anhela alcanzar a los que no son salvos. Si no valoramos los números, nos arriesgamos a dejar de oír el llamado compasivo del Señor. El crecimiento numérico multiplica la vida y la esperanza de la iglesia y nos recuerda que debemos ocuparnos de los asuntos del Padre. Él conoce con exactitud el momento en que regresará Cristo para llevar a su pueblo al hogar celestial. Como Pedro, debemos comprender que esta espera significa que el Señor desea que más personas ingresen al reino.

Dios desea en verdad que más personas sean salvas. A lo largo de la historia de la fe, el Señor ha multiplicado a las congregaciones que practican las cinco funciones bíblicas del crecimiento de la iglesia, de las que hablamos en el capítulo 7. En la actualidad hay más de 6000 millones de personas en el mundo. Hay más personas vivas y necesitadas de la gracia salvadora de Dios que nunca antes. Eso nos brinda el potencial de alcanzar a más personas que en cualquier punto de la historia. Vivimos en medio de una multitud saturada de personas perdidas, de cuya redención Dios se ocupa. Cuando nuestra obra es la del Señor, tenemos la certeza de que muchas personas serán salvas.

Transformación espiritual

El segundo resultado de una iglesia con enfoque en el reino es la transformación espiritual. Si a usted solo le interesa el crecimiento numérico, ese crecimiento será, como dirían algunos de mis parientes campesinos: "de un kilómetro de ancho y un centímetro de profundidad". El crecimiento del reino no es superficial. El Señor nos mandó a alcanzar a las personas con su poder supremo y promete redimirlas. La transformación espiritual consiste en la obra de Dios por la que un creyente cambia a la semejanza de Jesús y asume una nueva identidad en Cristo, y por la cual se hace posible una relación de amor, confianza y obediencia de por vida para gloria de Él.

En la Biblia hay muchos pasajes que comparan el nuevo nacimiento en Cristo con la infancia. Es una excelente analogía. Las personas que han nacido de nuevo necesitan comprender y vivir el verdadero significado del discipulado. Así como los niños experimentan una serie de etapas en el camino hacia la madurez, los creyentes atraviesan pasajes de transformación en el camino hacia la plenitud espiritual. Y así como los niños necesitan ayuda y motivación para hablar, caminar y desarrollarse como adultos responsables y capaces, los creyentes nuevos necesitan el apoyo y la orientación de la iglesia para nutrir su fe y afirmarse en ella. Pedro instaba a todos los creyentes a crecer "en la gracia y el conocimiento de nuestro Señor y Salvador Jesucristo" (2 Ped. 3:18).

Como si fueran un grupo de niños, los discípulos se encuentran en diversas etapas de madurez. Algunos son bebés en Cristo, unos crecen con mayor rapidez que los demás, otros se encaminan hacia una vida prolongada y saludable, y otros están desnutridos e impedidos. Jesús nos mandó a discipular y con su ejemplo demostró lo que debe ser la vida de un discípulo. A medida que se experimenta el ejemplo de Cristo en la comunión de la iglesia, ocurre también la transformación espiritual.

Las Escrituras mencionan con frecuencia dicha transformación. Las instrucciones de Moisés no dejarán duda alguna de que debe enseñarse la Palabra de Dios a los niños: "Y las repetirás a tus hijos, y hablarás de ellas estando en tu casa, y andando por el camino, y al acostarte, y cuando te levantes" (Deut. 6:7).

Hay dos dimensiones vitales en la vida que Dios nos da y ambas se destacan en la Biblia. La primera es la vida eterna, expresada en el versículo que tal vez sea el más conocido: "Porque de tal manera amó Dios al mundo, que ha dado a su Hijo unigénito, para que todo aquel que en él cree, no se pierda, mas tenga vida eterna" (Juan 3:16). La segunda dimensión es el perdón de nuestros pecados, el cual experimentamos en el momento de entregarnos a Cristo. En ese instante, los creyentes son librados de la culpa y el castigo de su propio pecado y son reconciliados con Dios. Como lo declaró Pedro, "Porque también Cristo padeció una sola vez por los pecados, el justo por los injustos, para llevarnos a Dios, siendo a la verdad muerto en la carne, pero vivificado en espíritu" (1 Ped. 3:18).

Esos preciosos regalos, la vida eterna y el perdón de pecados, caracterizan el comienzo de la vida cristiana. Después de que Dios nos salva, anhela también que lleguemos a parecernos a Él. Desea que crezcamos en la gracia y el conocimiento de Jesús. Entregarse a Cristo es una experiencia de transformación que radicalmente nos cambia de lo que éramos a lo que Él desea que seamos.

La Biblia y la enseñanza cristiana nos proporcionan cuatro evidencias de la transformación espiritual.

1. Nuestra relación dinámica con Cristo

Tener comunión e intimidad con el Señor es esencial para la transformación espiritual. El crecimiento en Cristo no es solo aumentar conocimientos y sumar experiencia, sino también llegar a ser como Jesús. Esa relación es lo más importante de nuestra vida. Sin el Señor no hay vida abundante.

Jesús no nos invita a ser salvos para dejarnos solos, sino que anhela establecer una relación de amor con nosotros, la misma clase de relación que Él tiene con el Padre Celestial. Es lo que Jesús pidió en oración horas antes de su muerte: "que todos sean uno; como tú, oh Padre, en mí, y yo en ti, que también ellos sean uno en nosotros; para que el mundo crea que tú me enviaste" (Juan 17:21).

Cuando Pablo tuvo un encuentro con Cristo en el camino a Damasco, ya no pudo seguir viviendo como antes porque fue hecho un hombre nuevo. Fue transformado porque ahora Cristo vivía en él. "Con Cristo estoy juntamente crucificado, —escribió— y ya no vivo yo, mas vive Cristo en mí; y lo que ahora vivo en la carne, lo vivo en la fe del Hijo de Dios, el cual me amó y se entregó a sí mismo por mí" (Gál. 2:20).

2. Nuestras relaciones dinámicas con los creyentes

Una iglesia que crece se distingue por la cálida relación de amor que disfrutan los creyentes entre sí. Dios nos crea a su imagen, pero cada uno de nosotros es único en su tipo. Cada uno es producto de un conjunto inigualable de antecedentes, culturas, ideas, opiniones y experiencias. Tal vez no nos pongamos de acuerdo en todo, pero somos parte de la familia de Dios. Aun cuando seamos tan diferentes, somos iguales ante Dios. Además, ser uno con Cristo implica que todos somos uno. El

Espíritu Santo cumple muchas funciones en nuestra vida y en la vida de la iglesia, pero ninguna es más importante que la de brindar unidad en amor.

En las iglesias que crecen, los creyentes se desarrollan en una relación más profunda con Cristo y los demás creyentes. Cuando permitimos que Cristo viva en nosotros y se exprese en lo que decimos, pensamos y hacemos, no habrá problemas para tener comunión unos con otros. La salvación se expresa en nuestro amor por Cristo y por toda la familia de Dios. La transformación espiritual nos atrae hacia una comunión de creyentes que nos sustentará durante cualquier prueba.

Así como nos lo recuerda Juan: "En esto consiste el amor: no en que nosotros hayamos amado a Dios, sino en que él nos amó a nosotros, y envió a su Hijo en propiciación por nuestros pecados. Amados, si Dios nos ha amado así, debemos también nosotros amarnos unos a otros" (1 Jn. 4:10–11).

3. Nuestras relaciones dinámicas con los incrédulos

Los seguidores de Jesús anhelan ver que los incrédulos tengan la experiencia de una relación de amor con Cristo. Él nos prometió: "recibiréis poder, cuando haya venido sobre vosotros el Espíritu Santo, y me seréis testigos en Jerusalén, en toda Judea, en Samaria, y hasta lo último de la tierra" (Hech. 1:8).

El discipulado y la evangelización son inseparables. En realidad, son la misma cosa. Somos llamados para mantenernos en contacto constante con los incrédulos a fin de testificarles y ganarlos para Cristo. El plan de Dios para redimir al mundo es valerse de cada uno de nosotros a fin de ganar a otros para Cristo. La transformación espiritual de una iglesia hace que los creyentes aprendan sobre la responsabilidad que tienen de testificar a los perdidos. Las personas que son espiritualmente transformadas tienen un profundo deseo de ver que otros sean salvos.

4. Nuestra relación dinámica con las disciplinas cristianas

La vida cristiana se edifica sobre la decisión de procurar o pasar por alto la lectura bíblica, la oración, la adoración, el testimonio y la fiel participación en la comunión de los creyentes. Las actividades en sí mismas no producirán creyentes maduros, pero los creyentes necesitan practicarlas a fin de experimentar crecimiento espiritual. Las iglesias que prosperan en número alimentan a sus miembros, les enseñan y los guían a practicar las disciplinas cristianas a fin de que crezcan en la gracia y el conocimiento del Señor.

Expansión de los ministerios de la iglesia

El tercer resultado de una iglesia con enfoque en el reino es la expansión de los ministerios de la iglesia. Las iglesias jóvenes se esmeran en edificar la base de sus ministerios a través de la adoración y los grupos abiertos, que ministran a creyentes e incrédulos por igual. Luego, a fin de satisfacer una gama más amplia de necesidades de la comunidad, dichas iglesias agregan el estudio bíblico y otros ministerios. Al detectar más necesidades, se establecen aún más ministerios. Las iglesias comprueban así que, al crecer numérica y espiritualmente, el Espíritu Santo les abre puertas de ministerio adicionales.

A medida que las iglesias experimentan el poder de Dios que obra atrayendo a Cristo a quienes no son salvos, se vuelven más sensibles a las necesidades insatisfechas y crean ministerios que las aborden. En una iglesia con enfoque en el reino, es natural que los miembros procuren encontrar nuevas oportunidades para servir. Cada creyente tiene el don de servir de uno u otro modo. Como Pablo lo describió, "Ahora bien, hay diversidad de dones, pero el Espíritu es el mismo… Pero todas estas cosas las hace uno y el mismo Espíritu, repartiendo a cada uno en particular como él quiere" (1 Cor. 12:4,11). A medida que el cuerpo de Cristo adquiere madurez, el Espíritu Santo mostrará necesidades y oportunidades para ministrar, de la misma manera que conferirá dones a los creyentes para satisfacer esas necesidades.

Las necesidades del mundo nunca fueron tan amplias. El Señor no espera que las satisfagamos con nuestro propio poder porque semejante carga sería devastadora. No obstante, lo que Dios sí espera es que dispongamos los recursos y las destrezas en manos de Él, que los bendecirá y multiplicará a fin de que tengamos más que suficiente para satisfacer las necesidades que enfrentemos. Cuando uno se rinde a Dios por completo, rinde sus posesiones y sigue la dirección divina, podrá ministrar en el nombre de Dios a toda persona, en todo momento y en todo lugar. Recuerde las palabras de Jesús:

> Entonces los justos le responderán diciendo: Señor, ¿cuándo te vimos hambriento, y te sustentamos, o sediento, y te dimos de beber? ¿Y cuándo te vimos forastero, y te recogimos, o desnudo, y te cubrimos? ¿O cuándo te vimos enfermo, o en la cárcel, y vinimos a ti? Y respondiendo el Rey, les dirá: De cierto os digo que en cuanto lo hicisteis a uno de estos mis hermanos más pequeños, a mí lo hicisteis (Mat. 25:37–40).

Dios nos faculta para ministrar según su voluntad y sus recursos. Él nos muestra el lugar donde el mundo necesita de su Palabra y nos hace llevar la carga de amor que Él siente por los perdidos. Si usted no cree poder hacerlo, necesita examinar su fe con mayor profundidad. Recuerde que Dios no nos pide que ministremos con nuestro poder sino con el suyo. El Espíritu Santo nos confiere dones y nos equipa para ministrar como mayordomos consagrados.

Las iglesias que crecen producen mayordomos que expanden el ministerio de la iglesia. A medida que el cuerpo crece numérica y espiritualmente, el Señor motiva el corazón y la vida de las personas a hacer cosas maravillosas. Como Creador de todo, Dios tiene los recursos para hacer lo que desee con la creación a través de su pueblo. Mientras vayamos a donde Él nos envíe, tendremos la certeza de que con su poder divino, cumpliremos la obra que nos encomiende.

El mero surgimiento de nuevos ministerios no es señal de que una iglesia crezca. El enfoque de esos ministerios debe ser compartir el amor de Jesús con los perdidos. De otro modo, no se diferenciarán de centenas de organizaciones caritativas y cívicas seculares. Si uno pierde la perspectiva de la mayordomía en el reino, anulará el poder, la presencia y la frescura del Espíritu Santo que nos dirige y equipa.

Podría haber ocasiones en que el Señor guíe a su iglesia a hacer lo que no es habitual y esta experimente cierta incertidumbre. ¡No hay problema con eso! Cuanto más maduros sean los creyentes de su congregación, más probable será que Dios los conduzca a ministerios diferentes y más maravillosos. En la parábola de los talentos, Jesús destacó que la fidelidad de los siervos les hizo ganar mayores responsabilidades. "Porque al que tiene, le será dado, y tendrá más; y al que no tiene, aun lo que tiene le será quitado" (Mat. 25:29).

Una iglesia que crece disfrutará de la mano del Señor que levanta creyentes que hagan cosas extraordinarias para el reino. A medida que se expandan los ministerios, esa renovación del cuerpo de Cristo revelará el crecimiento del reino.

Avance del reino

El cuarto resultado o medida de auténtico crecimiento en una iglesia es con cuánta eficacia haya extendido el reino. Es la Gran Comisión en su mejor y más pura expresión, que sale de las iglesias locales bajo la dirección y la protección del Señor hacia el campo misionero. Los miembros de la iglesia tienen dones para el ministerio y sirven al Señor mientras Él los dirige, tras haberlos transformado de incrédulos en creyentes, y luego en multiplicadores del reino.

Las misiones son la medida del crecimiento que pone en su debido lugar a cada uno de los demás componentes. Son la corona del ministerio de cada iglesia, la prueba de que el pueblo de Dios ha adoptado una perspectiva mundial bíblica. Jesucristo vino al mundo a salvar a todos, sin distinción de cultura ni lugar de residencia. Dios tiene una misma estrategia para todas las naciones: hay un Señor, una salvación, un mensaje que predicar y un llamado al arrepentimiento.

Todo miembro de iglesia debe estar listo para predicar ese mensaje y anunciar el llamado. Cada creyente es un ministro que ha sido salvado para servir en el reino. Algunos llegarán a ser pastores y líderes ministeriales, pero casi todos ministrarán como laicos. Las funciones son diferentes, pero tienen la misma importancia. Cuando una iglesia crece en número, en el aspecto espiritual y en lo ministerial los creyentes se sensibilizan a la necesidad de difundir el evangelio fuera de sus comunidades, hacia un mundo perdido en el pecado. Ven con mayor claridad los campos que están listos para la cosecha. Así se multiplica y extiende el deseo de testificar, ganar a otros y discipularlos.

Algunos ven oportunidades dentro de sus familias, sus iglesias o sus vecindarios, en tanto que otros serán llamados a testificar lejos del hogar. Donde sea que vayan para impulsar el reino, el ministerio que desarrollen será el resultado natural de iglesias que tienen el enfoque en el reino, el plan perfecto de Dios para establecer su soberanía en la tierra. A menos que usted vaya cuando Dios lo llama, los no creyentes seguirán perdidos en el pecado y separados de Dios por la eternidad.

Cuando Isaías vio al Señor en su santa majestad, confesó su pecado y el pecado del pueblo. Él sabía que Dios era superior a todo lo que jamás conocería o experimentaría. Sin embargo, Isaías oyó al Señor que preguntaba: "¿A quién enviaré, y quién irá por nosotros?" Entonces le respondió: "Heme aquí, envíame a mí" (Isa. 6:8).

Dios llama a todos los creyentes con las mismas palabras. Nuestra respuesta a ese llamado debe ser: "Heme aquí; envíame a mí". Usted no conocerá el corazón del Señor hasta que pueda verlo como soberano sobre todo y con el genuino anhelo por alcanzar a los que no son salvos. Tampoco conocerá usted el corazón de Dios hasta que haya reconocido que Él lo llama para salir en su bendito nombre a predicar las buenas noticias a un mundo perdido. Una iglesia que crece jamás descansará hasta alcanzar al mundo para Cristo. Comenzará por el propio vecindario y llegará cada vez más lejos bajo la dirección y el poder del Espíritu Santo.

Eso significa que siempre habrá mucho por hacer. Una iglesia que crece responde con el envío de misioneros a todo el mundo, además de brindarles apoyo por medio de la oración y del sostén económico. Las misiones efectivas solo surgen de la educación esmerada sobre la importancia de las misiones. El pueblo de Dios debe comprender que las misiones son la gran fuerza impulsora del avance del reino en el mundo. También debe reconocer que el discipulado tiene su precio: sacrificio personal y responsabilidad.

Cuando una iglesia llegue a ser una iglesia "enviadora" que entrega al servicio misionero con alegría a sus hijos, sus líderes, sus seguidores, su pastor y demás obreros, será una iglesia que crece. Será una iglesia con enfoque en el reino.

Capítulo 9

Planear la estrategia

Ernesto tiene una buena racha. Cada vez comprende mejor su ministerio y la naturaleza de la iglesia. Está tan entusiasmado como optimista con respecto al futuro. Tiene una idea más acabada de lo que es el reino de Dios, el enfoque en el reino y la naturaleza de la iglesia. Está listo, deseoso y dispuesto. Sabe cuáles serán los resultados. Solo lo espera el éxito, ¿verdad?

No es tan así. Por lo general, los nuevos descubrimientos producen optimismo, gozo y un despliegue de energía. Sin embargo, dichas emociones no siempre llevan a que algo funcione. Ernesto necesita recordar lo que ha aprendido sobre la naturaleza de la iglesia. La clave del enfoque y el cambio están en la misma definición.

Estaba en lo correcto cuando se planteó que si un restaurante sirve comida y un hotel ofrece alojamiento, ¿qué hace entonces una iglesia? Una iglesia es una comunidad dinámica de creyentes bajo el señorío de Cristo. Su función es discipular a los creyentes para que crezcan y se expandan en los ministerios del reino. Cuando Ernesto en verdad comprenda estos elementos, podrá combinar el enfoque en el reino con las funciones de una iglesia (el "por qué" y el "cómo"), los resultados que Dios desea, y luego añadir el *qué* de la iglesia, la razón de ser. Al hacer esto, hallará como nunca antes la clave de la eficiencia y el gozo como pastor.

En Estados Unidos hay alrededor de 365.000 iglesias cristianas evangélicas. Las hay de todo tipo, tamaño, forma, estilo, ubicación y estructura edilicia. Estas iglesias son únicas en muchos sentidos y juegan un papel preponderante al moldear la vida de los creyentes que nuclean. Además, representan una fuerza potencial poderosa del reino cuando actúan juntas. Cuando digo *una fuerza potencial poderosa* lo hago con cuidado, porque algunos informes demuestran que casi el 35% de los estadounidenses adultos dicen ser creyentes en Cristo, nacidos de nuevo. Con una población de 280 millones de habitantes en los Estados Unidos, tenemos que 98 millones dicen ser cristianos. ¡98.000.000! Si un tercio de la población es cristiana ¿por qué el 70 % de las iglesias evangélicas no crece? ¿Por qué es tan lamentable la decadencia en la moral y los valores, y el aumento de la violencia? ¿Por qué se experimenta la sensación de perder terreno a diario y de que mengua la influencia cristiana?

Permítame ver si puedo expresarlo de otro modo. ¿Cuál cree usted que será la estrategia de la iglesia evangélica promedio en cuanto a los perdidos? Resulta lamentable que la iglesia no dedique mucho tiempo a preguntarse qué hacer con los perdidos que necesitan a Cristo. La teología de la salvación y la importancia de la Gran Comisión por lo general son tópicos de poca controversia o debate. Sabemos que las personas están donde nosotros estamos y que la salvación en Cristo es lo más importante, pero ¿cuál es la estrategia para alcanzarlos?

Ningún plan alcanzará a los perdidos

Si se observa el aumento de la población de los Estados Unidos en los últimos 25 años y se compara con la decadencia de las iglesias evangélicas en el mismo período, la estrategia de las iglesias y las denominaciones es tan clara que exaspera: no existe una estrategia. No hay estrategia para alcanzar a las personas perdidas; no hay visión en tal sentido ni actividades en esa dirección. Hay seminarios sobre el crecimiento de la iglesia, clases para aprender a testificar y alcanzar a los incrédulos, pero pocas actividades para concretarlo. Se escriben artículos en las revistas, capítulos en los libros y se destinan presupuestos en las denominaciones para el evangelismo, pero no hay demasiada evangelización. En realidad, si se observa con atención, veremos que las iglesias han abandonado la pasión por ganar a los perdidos para Cristo. Temen ser ofensivas o insensibles y dudan de los resultados de la evangelización de hoy en día.

A pesar de la creciente impiedad en la sociedad, se ha abandonado la única estrategia bíblica para cambiar al mundo. Los creyentes se han recluido en las fortalezas de los templos y han adoptado la postura de dejar que los perdidos sigan perdidos mientras las iglesias lamentan la manera en que actúan y viven sin Cristo. Es como si la actitud fuera: "Estamos sanos y salvos; ¡que ellos se vayan al infierno!" Sé que no es esa la intención, pero nuestra falta de acción habla con claridad.

La mayoría de las personas que viven una vida que los conduce al infierno y a una eternidad sin el Dios que los ama, no lo saben o no les importa. Puedo entender esto, pero lo que no puedo entender es que a muchos de nosotros, los que iremos al cielo, ¡tampoco nos importe!

Debemos tener una estrategia en la iglesia acorde con la Gran Comisión, una estrategia basada en las cinco funciones bíblicas de una iglesia y que produzca los cuatro resultados que hallamos en la Escritura y en la historia de la iglesia. Debemos tener un sistema que honre la voluntad de Dios de amar a aquellos que viven hoy en la tierra y de evangelizarlos con el verdadero mensaje del amor que Dios siente por ellos en Cristo. Ese es el único mensaje que cambiará la vida de las personas.

¿Qué observa en la sociedad actual? A muchas de nuestras iglesias, por no decir la mayoría, podemos encontrarlas en la vergonzosa categoría que mencionamos antes. No les preocupa, no quieren evangelizar o tienen miedo de hacerlo. Gracias a Dios, otras sí tienen una estrategia. Algunos líderes e iglesias son valientes y salen todas las semanas a evangelizar a las personas perdidas de su comunidad. Anhelan ver que las personas se salven y tengan una relación con Dios por medio de Cristo. Este es sin lugar a dudas un paso en la dirección correcta, pero no es suficiente. La Gran Comisión nos ordena discipular, bautizar y enseñar a que guarden todas las cosas que Él nos ha ordenado.

La necesidad de un modelo completo

El evangelismo es la primera prioridad de una iglesia, pero no la única. Algunas iglesias trabajan para que los perdidos se salven y se bauticen. Otras dan un paso más y buscan la manera de que los creyentes se integren a la membresía de la iglesia. Otras van más allá en la dirección correcta y cuentan con ministerios de discipulado para edificar la vida de los creyentes. Todas están orientadas de manera correcta y cada una mejor orientada que la anterior, pero no es suficiente.

"¡Espere un momento!" dirá usted. "Si cualquier iglesia hiciera algo de lo que se mencionó, ¡sería grandioso, fantástico y magnífico". Estoy de acuerdo con esto: si tan solo algunas iglesias tuvieran esta clase de evangelización y discipulado sería en verdad único y fabuloso. Sin embargo, hacer esto no es lo que comprende la estrategia bíblica completa. La Gran Comisión es completa y el modelo que nos presenta la iglesia primitiva en cuanto a lo que debe hacerse, es inconfundible. Es simple, pero debe hacerse. Este es el modelo que presenta el Nuevo Testamento:

Discipular
Desarrollar a los creyentes
Multiplicar los ministerios

El plan de acción para su iglesia debe incluir cada uno de estos importante elementos. Para hacer discípulos usted debe evangelizar a los perdidos de su comunidad, su área de influencia, su nación y de diversas partes del mundo. Debemos compartir el mensaje de Cristo con los incrédulos en todo tiempo y en todo lugar. Para hacer discípulos debemos guiar a los incrédulos a Cristo. Luego, en el entorno de una iglesia local, tenemos que guiarlos en la adoración, el estudio bíblico y el discipulado para que crezcan a semejanza de Cristo. Tienen que comenzar un proceso de transformación espiritual y descubrir sus dones espirituales. Debemos equiparlos para que vivan como cristianos y se desempeñen en el ministerio cristiano.

Al estar equipados para servir al Señor, podemos multiplicarnos, expandir el reino de Dios y extender nuestros ministerios. Alcanzamos a los perdidos para Cristo, los discipulamos y equipamos para que vayan con nosotros a alcanzar a otros y a discipularlos, y así continuar hasta que el reino de Dios se extienda en la tierra y cada persona oiga del evangelio y tenga la oportunidad de confiar en Cristo.

Si nuestra estrategia en la iglesia no incluye estos tres elementos (discipular, desarrollar a los creyentes y multiplicar los ministerios) nunca edificaremos con éxito una iglesia con enfoque en el reino. Sería como un equipo de fútbol profesional que centra su atención en sus instalaciones deportivas, en los entrenadores, en los libros con jugadas y en el equipamiento, pero que no se fija en el resultado del partido. El equipo podría tener las mejores características, y aun así perder el juego. El objetivo de tener un equipo de fútbol es ganar el campeonato y ganarlo todos los años. El objetivo de la iglesia es ganar a los perdidos para Cristo y, tan pronto como sea posible, verlos madurar en Cristo y enviarlos para multiplicar los ministerios. Perdemos o ganamos según hagamos *todo* lo que la Gran Comisión ordena.

Quisiera ser claro. Dios edifica su reino a través de cada una de las iglesias, y lo hace al obrar en su tiempo, a su manera y según sus propósitos perfectos, aunque algunas veces sean propósitos que nosotros no podemos entender. No podemos ni debemos tratar de predecir cómo obrará el Señor para redimir a las personas del vecindario o de cualquier otra comunidad en otro lugar del mundo.

Un enfoque en el reino requiere que el pueblo de Dios, individual y grupalmente, sea lo que Él desea que sea. Cuando Dios exige que nuestra vida sea santa y que nos sometamos a Él, no aceptará menos que eso. No nos pide que seamos perfectos porque sabe que es imposible, pero nos pide que seamos dedicados, obedientes y consagrados a Él.

Cuando confesamos nuestros pecados, recibimos el perdón de inmediato y nuestra relación con Dios se restaura. Cuando nos arrepentimos y Dios nos perdona tenemos todo lo que necesitamos para crecer espiritualmente, evangelizar al mundo, ministrar y discipular a los creyentes.

Tenemos comunión con el Señor. Llegado ese punto podemos enfocar nuestra atención en los perdidos.

La gente perdida puede que se interese o no en la religión. Puede que pertenezca o no a una iglesia. Arrastradas por el pecado y apartadas de Dios, dichas personas podrían vivir al lado de su casa, trabajar en el escritorio de al lado o ser alguien que esté lejos. No conocen del amor de Dios, de su divina gracia, de su perdón ni de la vida eterna.

Estas personas son las que debe tener en la mira la iglesia con enfoque en el reino.

Debido a que las iglesias con enfoque en el reino tienen en común ciertas características clave, también tienen en común métodos específicos para ponerlas en práctica. Por ahora no se preocupe que no lanzaré aquí el método de "Diez pasos para tener una iglesia con enfoque en el reino". Tal como dije antes, ese tipo de enfoque nos mete de lleno en los procedimientos, en lugar de los resultados, y no es lo que este libro pretende. No obstante, hay ciertas herramientas que hacen que el camino hacia un enfoque en el reino sea más directo de lo que sería si no estuvieran, y hacen que el recorrido sea menos frustrante y estresante. Estas constituyen la guía de ruta que conduce al éxito de cada iglesia.

Arraigada en los principios bíblicos

La iglesia debe responder con eficacia a las necesidades y las inquietudes del vecindario donde Dios la ha puesto, y para hacerlo tiene que estar firmemente arraigada a los principios bíblicos. El mundo mira a la iglesia en busca de respuestas a preguntas básicas, sinceras y profundas como: ¿Por qué existimos? ¿Qué se supone que hagamos con nuestra vida? ¿En qué cambia mi vida si tengo a Dios?

Muchos creyentes e incrédulos no tienen conciencia del reino de Dios. Les cuesta ver la obra de Dios a su alrededor. No ponen su confianza en Cristo y viven a su modo. No saben cómo orar, ni cómo seguir los mandamientos de Dios, tampoco cómo deberían colaborar en la obra de la iglesia y mucho menos cómo vivir triunfantes en un mundo caído.

Por medio de las Escrituras les enseñamos a hombres y mujeres a buscar el reino de Dios por sobre todas las cosas y a procurar una relación íntima con el Padre que los lleve a asemejarse a Cristo. La Biblia les demuestra cómo entender y vivir en un mundo caído, injusto y lleno de pecado. Por medio de la Palabra los miembros de la iglesia y las personas que vienen de visita perciben el obrar de Dios y se unen a Él. De esta manera, concilian la perspectiva del mundo con la perspectiva bíblica.

Solo en la Biblia pueden ver el alcance total y el poder de la Gran Comisión, reclamar la promesa de salvación para sí y luego apropiarse de las buenas noticias para darlas a conocer a otros. Sin la fuerza impulsora de la Gran Comisión, el crecimiento de la congregación de cualquier iglesia no es más que un torpe intento de aumentar la membresía en números, poner en práctica nuevas técnicas de mercadeo o procurar algo diferente.

La Gran Comisión no es tan solo una historia bíblica, y tampoco se la considera un mandamiento dado solo a unos pocos selectos. Es un mandamiento definido y contemporáneo para los seguidores de Jesús en todo tiempo. Los creyentes que tienen una misión en Cristo por medio de la iglesia son cristianos llenos de gozo que han hallado la riqueza y la seguridad para su vida que solo puede proporcionar el Espíritu Santo. La Gran Comisión es la fuerza impulsora de la estrategia de toda iglesia. Los elementos para hacer, desarrollar y multiplicar discípulos se ven con claridad en la Gran Comisión, y esta sirve como punto de partida para toda iglesia que desee hacer lo correcto.

Una mirada a la cultura de la iglesia

El paso siguiente de una estrategia exitosa para edificar una iglesia con enfoque en el reino es entender y ver la cultura de la iglesia. La cultura es el contexto local de la vida de una iglesia que da forma a la manera de verse a sí misma y la guía a su identidad propia y su estilo único. Entender la cultura de su iglesia es importante para desarrollar una estrategia exitosa porque permite que su iglesia sea y se transforme en lo que Dios quiere que sea. No hay dos iglesias iguales, ni debería haberlas. Su iglesia no debe imitar los modelos ni los logros de otra a menos que se ajusten a lo que el Señor hace en su congregación.

Analizar la cultura lo ayudará con dos preguntas estratégicas e importantes: ¿quiénes somos hoy? y ¿qué creemos que el Señor quiere que seamos? Las respuestas a estas dos preguntas son vitales. Cada iglesia es distinta, cada una tiene una cultura, una historia y una experiencia diferente. La cultura de su iglesia explica por qué usted se maneja así en la iglesia de hoy. Su estilo, su historia, sus tradiciones y sus métodos tienen raíces en el pasado, y esto afecta el presente. Su cultura también afecta la imagen y la personalidad de la iglesia en la comunidad. Esta es una influencia poderosa que puede ayudar a atraer gente o a alejarla. En efecto, se transforma en un factor clave que la gente usará para determinar si su iglesia es la adecuada para ellos.

La cultura de una iglesia se caracteriza por la interacción de cuatro fuerzas:

1. Los estilos de liderazgo del pastor y de los demás líderes laicos u ordenados
2. Las características demográficas de la gente y la comunidad
3. El ciclo de vida actual de la iglesia (crecimiento, estabilidad o decadencia)
4. El ciclo de vida actual de la comunidad (crecimiento, estabilidad o decadencia)

Cuando la cultura de una iglesia no refleja el contexto de la comunidad, tiene dificultades para hallar un enfoque en el reino. Si hay diferencias generacionales demasiado marcadas, ocurrirán problemas similares. Una estrategia con enfoque en el reino debe considerar la cultura de la iglesia para que el ministerio sea eficaz.

¿Puede ver de qué manera comienza a perfilarse la estrategia de una iglesia con enfoque en el reino? Primero, desarrolle la estrategia basándose en la fuerza impulsora de la Gran Comisión. Luego, observe a la iglesia para identificar su historia, su tradición y su cultura. A continuación, compare lo que encuentra dentro de su iglesia con lo que enfrenta afuera. Por último, considere cómo superar las diferencias significativas.

Mire hacia donde Dios lo guía

Por último, preste atención al rumbo hacia donde Dios lo guiará en el futuro. A veces esto significa que hay que crear una idea convincente sobre un futuro a su alcance. Sin embargo, sea cauteloso ya que nadie puede anticipar lo que el Señor hará en y por medio de su iglesia en el futuro. Nosotros no creamos el futuro. Dios lo hace, y Él es el único que sabe cómo será.

Si usted vierte todo lo que hemos hablado hasta aquí en el embudo del enfoque en el reino, comenzará a perfeccionar y a destilar todo lo mencionado hasta transformarlo en acciones. Si usted me ha seguido hasta aquí, sabe que para tener una iglesia exitosa debe tener un enfoque en el reino. Todo lo que haga debe promocionar y fortalecer la evangelización. Usted conoce las características de una iglesia con enfoque en el reino y sabe cómo puede evaluar la calidad y la intensidad de ese enfoque.

Ahora contamos con los componentes básicos de una excelente estrategia de la iglesia con enfoque en el reino. Las cinco funciones de la iglesia le darán a usted la infraestructura para el ministerio, y los cuatro resultados le permitirán evaluar el progreso. Si usted no observa los resultados del reino, entonces el problema yace en la falta de enfoque en la Gran Comisión o en la no puesta en práctica de una o más de estas cinco funciones.

Con esto en mente, vayamos ahora a la parte del proceso que le dará los resultados que usted ha deseado para todo su ministerio y por los cuales ha orado. Es hora de poner en práctica los conceptos de la iglesia con enfoque en el reino. Lo que la iglesia ponga en práctica proviene de la estrategia intencional que usted determinó según lo que Dios lo guió a hacer. Dicha práctica equilibra las tareas esenciales de las cuales usted se vale para que su congregación se comprometa con las cinco funciones: evangelización, discipulado, comunión, ministerio y adoración.

En el capítulo anterior se presentaron las cinco funciones. Además, quizás usted las haya leído en mi libro *Kingdom Principles for Church Grow* [Principios del reino para el crecimiento de la iglesia][1] o en el de Rick Warren *Una iglesia con propósito*.[2] Hay un sinnúmero de artículos, casetes y libros sobre las funciones y los propósitos de una iglesia local. Sin embargo, la realidad nos muestra que, a menos que usted los implemente en forma conjunta y a pleno, nunca tendrá una auténtica iglesia con enfoque en el reino. Nunca sucederá. No importa cuán exitosa sea la vida de la iglesia en un área, las demás áreas se verán afectadas o no podrán desarrollarse, y algún día el fracaso será absoluto. Usted puede tener un crecimiento estupendo, pero si no logra que los creyentes en Cristo maduren, pronto se verá en problemas. Si su punto focal es la comunión y la adoración, y pasa por alto la evangelización y el ministerio, con el tiempo experimentará un estancamiento numérico y espiritual.

Usted necesita formularse las siguientes preguntas: ¿Qué creemos que el Señor desea que seamos, hagamos y logremos? ¿Qué tipo de iglesia queremos llegar a ser? ¿Cuál es la manera más eficiente de alcanzar a las personas para Cristo, lograr que alcancen la madurez y que sean parte de la multiplicación de nuestros ministerios?

Todos se dan cuenta de que por lo general, para muchas iglesias la estrategia no es algo intencional y, lo que es peor, no existe. La estrategia de una iglesia local describe un conjunto claro y deliberado de intenciones que, cuando se entretejen como un todo, impulsan toda decisión que determina lo que debe hacer una iglesia local. Un estrategia completa ayuda a darle una visión al trabajo de la iglesia y ayuda a que se tomen las decisiones que determinan lo que se hará y lo que no. No obstante, la estrategia debe ponerse en práctica y la práctica debe provenir del modelo bíblico.

Aplicar el modelo institucional o empresarial a una iglesia es desastroso. La visión bíblica sumada a la estrategia bíblica y acoplada al modelo bíblico es poderosa y exitosa.

Por favor continúe con la lectura. No se aterre ni abandone lo que Dios le enseña en este momento. Si nunca ha pensado en estas cosas o nunca las ha puesto en práctica con éxito, no se preocupe. La mayoría de los líderes de las iglesias tampoco lo han hecho. Si usted es como yo, nunca fue capacitado ni vio un modelo como este.

¿Recuerda el ejemplo del joven que maneja el auto de carrera de las 500 millas de Indianápolis? Casi todos nosotros hemos tenido la capacitación y la experiencia de hacer cosas importantes y estupendas. Podríamos predicar, enseñar y preocuparnos por la gente con gran gozo y facilidad. Sin embargo, cambiar la cultura en nuestras iglesias es otro asunto diferente. Nos capacitaron para mantener y hacer crecer iglesias prósperas, pero no las que están quebrantadas y en decadencia. Bueno, tal como lo hemos visto, la mayoría de las iglesias evangélicas están experimentando un gran cambio, y el resultado principal no es el crecimiento.

Las iglesias no deben morir, los pastores no deben fracasar en su liderazgo, y los cristianos no tienen que permanecer inactivos toda la vida. Recordemos que el Señor desea que lo conozcamos a pleno, que lo sirvamos a pleno y que logremos sus propósitos a pleno. *¡Él quiere que tengamos éxito!* Nos dio la Biblia y el Espíritu Santo para guiarnos a un enfoque en el reino. El liderazgo que usted ejerce está en efecto bajo la voluntad de Dios y la dirección del Espíritu Santo. Este nos revela las respuestas a las preguntas que nos hemos formulado sobre la estrategia. Él es quien lo guía, le brinda recursos y la fortaleza necesaria para hacer lo que el Señor desea que usted y su iglesia hagan.

Un modelo tomado de la vida de Jesús

Le mostraré un procedimiento para el ministerio que lo ayudará a comprender claramente cómo conseguir que la voluntad de Dios se refleje en una estrategia exitosa; luego le mostraré cómo hacer para poner en práctica dicha estrategia. Es tan solo una cuestión de ver lo que haremos y de cómo relacionar la tarea de las funciones en un sistema simple y eficaz. Dediquemos un momento para ver cómo se ilustra con claridad en el ministerio terrenal de Jesús.

Mateo 9 describe un día muy ocupado en la vida de nuestro Señor. Jesús perdonó ese día a un hombre paralítico que era pecador y le dio fuerza física para que caminara (vv. 1–8). Le ordenó a Mateo que lo siguiera para ser un discípulo (v. 9). Tuvo un altercado con los fariseos sobre el asunto de comer con pecadores y con quienes recaudaban impuestos para Roma (vv. 10–13). Sanó a una mujer que tocó su manto cuando Él iba de camino a resucitar a una niña muerta (vv. 18–26). Sanó a dos hombres ciegos (vv. 27–31). Y luego liberó del demonio a un hombre que le habían traído (vv. 32–34). Después de un día tan agotador, Jesús continuó su camino y fue a otros pueblos y aldeas a ministrar. En los versículos 35–38 vemos lo que Jesús sentía por el ministerio de una iglesia con enfoque en el reino.

> Recorría Jesús todas las ciudades y aldeas, enseñando en las sinagogas de ellos, y predicando el evangelio del reino, y sanando toda enfermedad y toda dolencia en el pueblo. Y al ver las multitudes, tuvo compasión de ellas; porque estaban desamparadas y dispersas como ovejas que no tienen pastor. Entonces dijo a sus discípulos: A la verdad la mies es mucha, mas los obreros pocos. Rogad, pues, al Señor de la mies, que envíe obreros a su mies.

Un estudio más profundo de este pasaje nos revela el equilibrado modelo que Jesús usó en su ministerio. Es un modelo que no puede mejorarse y que es esencial para el ministerio de la iglesia hoy. Este modelo incluye cuatro estrategias básicas que se enumeran una y otra vez en los Evangelios, como así también en el resto del Nuevo Testamento. Observemos cada frase con detenimiento.

"Recorría Jesús todas las ciudades y aldeas, enseñando en las sinagogas de ellos, y predicando el evangelio del reino, y sanando toda enfermedad y toda dolencia en el pueblo" (Mat. 9:35). Vemos que se valió de la adoración colectiva para ayudar a los creyentes a celebrar la gracia y la misericordia de Dios. También se valió de la adoración colectiva para proclamar la verdad de Dios y para evangelizar a los perdidos en una atmósfera dinámica, ante la presencia, la santidad y la revelación del Todopoderoso. Los creyentes en Cristo y los que no lo son participan juntos en la adoración colectiva. Todas las funciones bíblicas de la iglesia están presentes en un culto de adoración y así se cumple con la Gran Comisión.

"Y al ver las multitudes, tuvo compasión de ellas; porque estaban desamparadas y dispersas como ovejas que no tienen pastor" (Mat. 9:36). De la gran congregación de la sinagoga pasó a grupos de individuos para suplir sus necesidades. Los grupos eran abiertos, lo que significaba que todos estaban invitados. Los grupos abiertos están para guiar a las personas a tener fe en Cristo y para edificar a los creyentes comprometiéndolos con la evangelización, el discipulado, el compañerismo, el ministerio y la adoración. Él puso a los heridos y a los que desconocían las cuestiones espirituales junto con sus discípulos, y enseñó, predicó, ministró y recibió con beneplácito a cualquiera que quisiera oír las buenas noticias de que Dios lo amaba.

"Entonces dijo a sus discípulos: A la verdad la mies es mucha, mas los obreros pocos" (Mat. 9:37). Jesús dejó a las multitudes y se reunió con sus discípulos en un pequeño grupo cerrado. Los grupos cerrados son para edificar a los líderes del reino y para equipar a los creyentes en Cristo para que sirvan al Señor. Él capacitó a sus seguidores y los impulsó hacia una transformación espiritual.

"Rogad, pues, al Señor de la mies, que envíe obreros a su mies" (Mat. 9:38). Jesús reveló que el verdadero propósito de la capacitación era enviar equipos de discípulos para predicar las buenas noticias del reino de Dios y entrenar nuevos discípulos para el ministerio, para que regresen a donde la mies estaba lista para recibir a Cristo como Señor.

Un procedimiento modelo para una iglesia con enfoque en el reino

La meta de Jesús era multiplicarse en otros y a través de otros. ¿Cuál era su patrón y modelo?

1. Adoración colectiva
2. Grupos abiertos
3. Grupos cerrados
4. Equipos de ministerio

La adoración colectiva, los grupos abiertos y los equipos de ministerio constituyen el acceso a la iglesia para los incrédulos. Una vez que estos son salvos, se suman a la comunión de los creyentes. Cuando los creyentes nuevos se reúnen con los miembros, pasan a ser parte del cuerpo de Cristo y comienzan la travesía de seguir a Cristo.

Los grupos cerrados sirven para que los creyentes en Cristo maduren y descubran sus dones para el ministerio. A medida que maduran, los creyentes pasan a ser parte de los ministerios.

En el esquema del procedimiento modelo, se puede ver el proceso completo. Los incrédulos están afuera de la adoración colectiva y los

"Mapa" o procedimiento modelo de una iglesia con enfoque en el reino

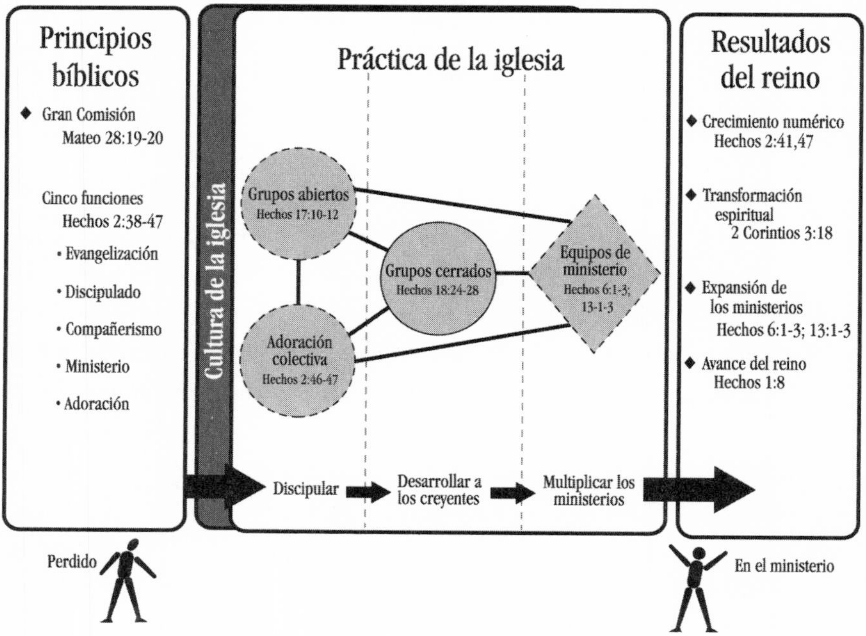

Principios bíblicos
- Gran Comisión Mateo 28:19-20
- Cinco funciones Hechos 2:38-47
  - Evangelización
  - Discipulado
  - Compañerismo
  - Ministerio
  - Adoración

Cultura de la iglesia

Práctica de la iglesia
- Grupos abiertos Hechos 17:10-12
- Grupos cerrados Hechos 18:24-28
- Adoración colectiva Hechos 2:46-47
- Equipos de ministerio Hechos 6:1-3; 13-1-3

Discipular → Desarrollar a los creyentes → Multiplicar los ministerios

Resultados del reino
- Crecimiento numérico Hechos 2:41,47
- Transformación espiritual 2 Corintios 3:18
- Expansión de los ministerios Hechos 6:1-3; 13:1-3
- Avance del reino Hechos 1:8

Perdido

En el ministerio

grupos abiertos. La iglesia los evangeliza y los lleva a una experiencia de adoración y a pequeños grupos de estudio bíblico. Cuando se convierten, se les da la oportunidad de ser discipulados para que maduren y se preparen para el ministerio.

Repasemos el proceso de multiplicación en estas tres etapas.

Discipular:

- Evangelización de los incrédulos
- Experiencia de la comunión, la adoración y el estudio de la Biblia con otros creyentes
- Comienzo de la integración a la iglesia

Desarrollar a los creyentes:

- Transformación espiritual
- Equipamiento para el ministerio
- Responsabilidad mutua
- Aprendizaje para ser un líder

Multiplicar los ministerios:

- Participación en el ministerio a través del servicio en la iglesia
- Participación en obras misioneras fuera de la iglesia
- Reproducirse en y a través de otros

El sendero exitoso hacia una iglesia con enfoque en el reino pasa por una serie de experiencias que llevan al creyente nuevo a constituirse en vocero del reino. Los discípulos nuevos son bienvenidos en la adoración colectiva y en los pequeños grupos que combinan creyentes nuevos, creyentes maduros e incrédulos. Los creyentes que alcanzan cierta madurez pasan a un estudio más profundo e intenso en compañía de otros creyentes que están forjando cualidades para el liderazgo y la responsabilidad mutua. En la etapa de multiplicación los cristianos deben centrar la atención en los ministerios de la iglesia y la misión fuera de la iglesia. Este es un *enfoque* en el reino.

¿Cuáles son los resultados del reino que usted puede esperar al seguir este procedimiento para la iglesia? Jesús nos orientó en esa dirección cuando dijo:

> De cierto, de cierto os digo: No puede el Hijo hacer nada por sí mismo, sino lo que ve hacer al Padre; porque todo lo que el Padre hace, también lo hace el Hijo igualmente. Porque el Padre ama al Hijo, y le muestra todas las cosas que él hace; y mayores obras que estas le mostrará, de modo que vosotros os maravilléis (Juan 5:19–20).
>
> De cierto, de cierto os digo: El que en mí cree, las obras que yo hago, él las hará también; y aun mayores hará, porque yo voy al Padre (Juan 14:12).

Capítulo 10

DISCIPULAR: ADORACIÓN COLECTIVA

ES DOMINGO A LA MAÑANA. Mientras transcurre el culto, Ernesto observa a la congregación. Es el cuarto domingo desde que se puso en marcha el nuevo formato y lo que ve no es para nada alentador. Mientras el grupo de alabanza canta otra canción nueva (y ya van por la quinta) y la congregación mira con cierto asombro la flamante pantalla de proyección, nota que algunos de los miembros más veteranos comienzan a sentarse. De reojo mira su reloj, para comprobar que todos han estado de pie por doce minutos. Alza la vista y, para su decepción, descubre que la congregación ya no canta con el coro. Ernesto reconoce que allí algo pasa, algo que es más importante que el cambio o las costumbres, algo que apela a la esencia misma de la adoración. "De todos modos, ¿qué es la adoración?", se pregunta. Ernesto ha tropezado una vez más con la pregunta adecuada. Lo que sea que haga una iglesia debe tener el enfoque en el reino y la garantía bíblica de discipular, procurar la madurez de los discípulos y multiplicarlos.

Ya es hora de coordinarlo todo. Recuerde que una estrategia con enfoque en el reino toma principios bíblicos y los coordina para un ministerio eficaz. La Gran Comisión nos mantiene en foco, las cinco funciones definen nuestra obra, los cuatro resultados son el fruto que procuramos, y el procedimiento modelo indica cómo coordinarlo todo.

Comenzamos desde nuestra perspectiva con el punto de ingreso a la travesía de un discípulo. En los perdidos, la perspectiva de la iglesia es escasa o nula. Por lo general, no esperan que nada de la iglesia los afecte. Tal vez tengan alguna opinión sobre las iglesias o incluso expectativas sobre lo que estas hagan (tales como obras caritativas, bodas, funerales, etc.), pero casi ningún no cristiano tiene idea de cómo podría insertarse en la estructura y los programas de una iglesia.

No obstante, nosotros debemos tener en claro lo que somos y lo que hacemos. Por eso resulta tan útil el procedimiento modelo. A menos que sepamos qué hacer y cómo hacerlo, nuestras acciones tenderán a aislarse o fragmentarse. Quizás lo peor que pueda sucederle a una iglesia es tener éxito en un área porque oculta problemas en las otras áreas. Por ejemplo, si una iglesia tiene un excelente culto de adoración con una audiencia que aumenta cada vez más, pero falla en su discipulado, entonces las personas que se congregan quedan sin discipular y sin transformación. Por estar mal arraigadas, esas personas son blanco fácil para la confusión doctrinal, la conducta inadecuada, el desánimo y el fracaso.

Sin embargo, el procedimiento modelo, nos muestra cómo comprender "el qué" (la esencia) y aplicar con éxito "el cómo" (el método) de una iglesia. Con esa herramienta sencilla podemos analizar nuestra iglesia y sus ministerios.

El primer círculo que examinaremos en el procedimiento modelo representa a la adoración colectiva o comunitaria. Por supuesto, la adoración es algo que solo los creyentes en Cristo pueden hacer, pero los incrédulos pueden concurrir a los cultos y observar cómo los creyentes adoran. De hecho, la adoración es una de las herramientas evangelísticas más grandiosas que tiene una iglesia. Si recordamos lo que aprendimos de la estrategia de Jesús en Mateo 9, reconoceremos que la adoración no es una mera experiencia emocional donde se reúnen creyentes e incrédulos. Una iglesia con enfoque en el reino utiliza la adoración como parte esencial de su estrategia.

El propósito de la adoración colectiva es que los creyentes celebren la gracia y la misericordia de Dios, para proclamar su verdad y evangelizar a los perdidos en un ambiente de encuentro de la presencia, la santidad y la revelación del Dios todopoderoso.

La adoración que transforma es la respuesta de los creyentes a la presencia, la santidad y la revelación del Dios todopoderoso. Dicho acto poderoso constituye una herramienta eficaz para hacer discípulos. Los incrédulos llegan y observan o experimentan lo que hacen los creyentes en la adoración. Cuando esta es apropiada, es como si el reino de Dios descendiera en una presencia y una realidad espiritual que no puede compararse con nada en la tierra. La adoración plena en el espíritu es poderosa y eficaz para conducir a las personas a Cristo.

La adoración dinámica que alcanza a los incrédulos y transforma a los creyentes debe ser dirigida por líderes de adoración que tengan el enfoque en el reino, una mentalidad impulsora de la Gran Comisión y una pasión por el Dios vivo. Deben comprender el contexto cultural de aquellos a quienes dirigen (tanto creyentes como incrédulos) y ellos mismos deben ser transformados mediante la experiencia de adoración.

"Mapa" o procedimiento modelo de una iglesia con enfoque en el reino

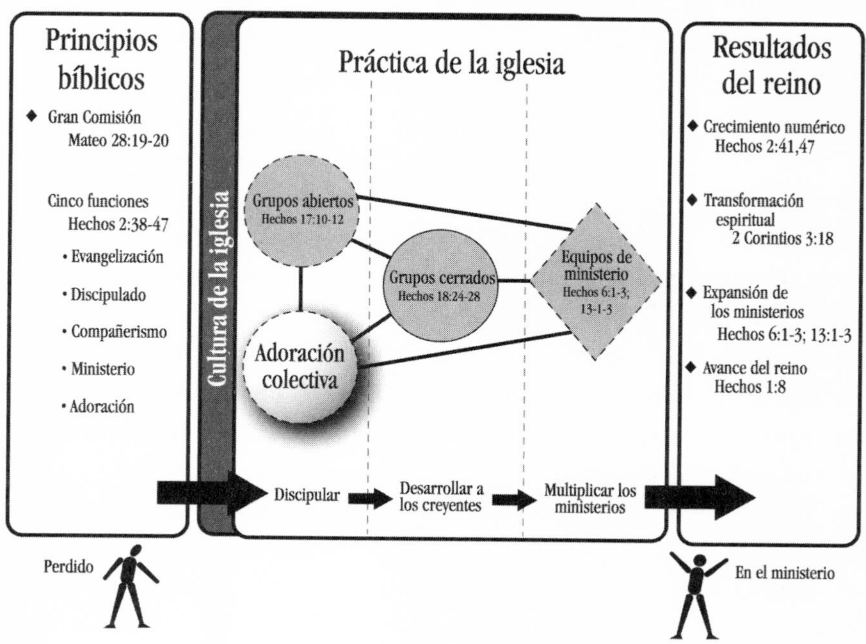

El culto del domingo a la mañana es "la boca del embudo" o la "bandeja de entrada". Es donde comienza la travesía de incrédulo a creyente en Cristo, y de allí a multiplicador del reino; el punto de ingreso para la mayoría de la gente que, con el tiempo, llega a incorporarse a la congregación. Para edificar a los miembros y extender el reino, la iglesia tiene que adorar de manera adecuada. El culto debe ser una experiencia de transformación para los creyentes. También debe ser receptivo para los incrédulos y animarlos a participar.

El culto de adoración es un lugar donde creyentes e incrédulos pueden relacionarse a gusto. A todos hay que hacerlos sentir parte de la congregación que alaba a Dios, desde el creyente consagrado hasta el simple curioso.

Tengo un casete de un culto de adoración que suelo escuchar de tanto en tanto. Siempre me emociona escuchar los cantos y la predicación. Recuerdo la ocasión y puedo evocar el rostro de las personas que nos congregamos aquella cálida mañana de domingo. No obstante, hay algo distintivo en ese casete. ¡No puedo entender ni una palabra de lo que dicen! Es una grabación de un culto de adoración en Kenia, África, en el que participé hace unos 20 años. Los nativos cantan alabanzas al Señor, todos los predicadores (a excepción de mí) hablan en un dialecto tribal, y las oraciones me resultan ininteligibles. ¡Pero eso sí que fue un culto de adoración!

Los estilos de adoración son tan variados como las culturas y las personas que los adoptan. Que nosotros adoremos es más importante que la manera en que lo hagamos. Nuestra forma de alabar, que es cambiante, es mucho menos importante que el propósito de la alabanza, que no cambia. El propósito es encontrarnos con Dios en la adoración y ser transformados por su divina presencia.

Elementos de la adoración

En toda adoración apropiada, Dios es el objeto y la persona central de la adoración, pero no olvidemos que las personas vienen porque buscan algo. Entonces, satisfacer las necesidades espirituales y emocionales de las personas ha de ser el propósito congregacional de todo culto de adoración. Y ya sea el culto tradicional o contemporáneo, la Biblia nos indica ocho elementos de adoración. No me refiero a lo que usted deba hacer, sino que deseo destacar que los ocho eran practicados por la iglesia primitiva y todos caracterizan a las iglesias que tienen el enfoque en el reino y prosperan.

1. Oración

Orar es comunicarse con Dios de un modo que a uno lo haga reconocer la presencia divina. Jesús instó a sus seguidores a no orar como los hipócritas, que se jactaban de su espiritualidad ante los demás, sino a orar en secreto, sin repeticiones vanas y a orar para que viniera el reino de Dios. Asimismo, mediante el ejemplo de la oración modelo, les enseñó a orar por el pan de cada día, para ser librados de la tentación y el mal, para pedir perdón y exaltar a Dios en todo su poder y su gloria. En el sermón del monte Jesús recordó a sus oyentes: " Buscad primeramente el reino de Dios y su justicia, y todas estas cosas os serán añadidas" (Mat. 6:33).

La oración era un componente central de la adoración en las iglesias primitivas. Pablo exhortaba a los seguidores de Cristo a orar por todos los necesitados. También les dijo que oraran por la difusión del evangelio y por los pecadores. A los tesalonicenses les dijo: "Orad sin cesar. Dad gracias en todo, porque esta es la voluntad de Dios para con vosotros en Cristo Jesús" (1 Tes. 5:17–18).

2. Alabanza

La alabanza expresa adoración y gratitud a Dios por sus atributos, su ser y su obra. Contribuye a que la congregación comprenda la realidad del reino de Dios y su soberanía sobre el mundo en la vida de cada creyente. La alabanza era un elemento esencial en la experiencia de adoración de las primeras iglesias. El pueblo de Dios entonaba canciones e himnos de alabanza con frecuencia. En todo el Antiguo Testamento los israelitas alabaron a Dios con canciones por la liberación, por los milagros y la manifestación en sus vidas. Los primeros cristianos alababan a Jesús con cánticos por lo que Él había hecho por ellos.

Al citar la profecía del Antiguo Testamento, Pablo recordó a los creyentes de Roma:

> Y para que los gentiles glorifiquen a Dios por su misericordia, como está escrito:
> Por tanto, yo te confesaré entre los gentiles,
> Y cantaré a tu nombre.
> Y otra vez dice:
> Alegraos, gentiles, con su pueblo.
> Y otra vez:
> Alabad al Señor todos los gentiles,
> Y magnificadle todos los pueblos (Rom. 15:9–11).

La alabanza es un elemento esencial de la adoración en la iglesia con enfoque en el reino. Los creyentes alaban al Señor porque los creó y los redimió en Cristo. Alabar a Dios no es solo una expresión emocional del corazón. Los cristianos van ante Él para alabarlo porque Él les dijo que lo hicieran. Nuestra alabanza no se debe a que Él nos haya bendecido y nos haya dado cosas buenas, de modo que sea justo retribuirlo. Lo alabamos porque Él lo desea y nos manda hacerlo y porque solo el Señor es digno de alabanza.

La alabanza entonces, no depende de los sentimientos sino de la obediencia. La única garantía de un culto aburrido es que el enfoque se centre en nosotros mismos y en nuestra iglesia en lugar de centrarse en Dios.

3. Confesión y arrepentimiento

Dios restaura la comunión de las personas con Él cuando reconocen la realidad de su pecado y se arrepienten para volverse a Dios. La confesión está en la esencia misma de la adoración. Uno no puede ir al culto como si fuera de paseo. No se puede escuchar en forma pasiva la música, las oraciones y los sermones sin que eso lo afecte o experimente algún cambio. Los creyentes se congregan allí para que se produzca una transformación en la mente, el corazón y la vida, y para consagrarse a Dios.

Después de experimentar la adoración, ya nunca seremos iguales. Vemos nuestros pecados y flaquezas con absoluta claridad, clamamos en confesión y nos alegramos de que el Señor nos perdone y nos sane. Dios nos asegura: "Si se humillare mi pueblo, sobre el cual mi nombre es invocado, y oraren, y buscaren mi rostro, y se convirtieren de sus malos caminos; entonces yo oiré desde los cielos, y perdonaré sus pecados, y sanaré su tierra" (2 Crón. 7:14).

4. Profesión de fe

La profesión de fe en el Padre, el Hijo y el Espíritu Santo brinda a los adoradores la oportunidad de reconocer la Palabra y la obra de Dios y de responder en consecuencia. Al confesar nuestra fe en la Santa Trinidad, declaramos que solo Dios es nuestro Creador, Redentor y Sustentador, y que solo Él es digno de gloria, honor y alabanza.

Como escribió Pablo a los creyentes de Roma: "Si confesares con tu boca que Jesús es el Señor, y creyeres en tu corazón que Dios le levantó de los muertos, serás salvo. Porque con el corazón se cree para justicia, pero con la boca se confiesa para salvación" (Rom. 10:9–10).

5. Lectura y estudio de la Biblia

Dios transforma a la iglesia por medio de su Palabra. Escuchar, leer y estudiar las Escrituras es algo esencial en la vida cristiana saludable. Mediante las Escrituras, el Espíritu Santo lleva nuestra atención a Dios y a la comunión con Él.

Después de resucitar, Jesús apareció a dos de los discípulos en el camino a Emaús. Ellos no tenían idea de que hablaban con el Señor resucitado. Cuando Jesús les preguntó por qué estaban tan tristes, le hablaron de la crucifixión y la sepultura de Cristo, y admitieron sus dudas de si acaso se levantaría Él de entre los muertos. Jesús les reprochó la falta de fe y citó las Escrituras como prueba de que sucedería. "Y comenzando desde Moisés, y siguiendo por todos los profetas, les declaraba en todas las Escrituras lo que de él decían" (Luc. 24:27).

La respuesta de ambos seguidores ha de animarnos a todos: "¿No ardía nuestro corazón en nosotros, mientras nos hablaba en el camino, y cuando nos abría las Escrituras?" (Luc. 24:32).

En Jerusalén, Jesús demostró que había resucitado al mostrar a los discípulos sus manos y sus pies traspasados. "Y les dijo: Estas son las palabras que os hablé, estando aún con vosotros: que era necesario que se cumpliese todo lo que está escrito de mí en la ley de Moisés, en los profetas y en los salmos. Entonces les abrió el entendimiento, para que comprendiesen las Escrituras" (Luc. 24:44–45).

La Palabra de Dios era valiosa y esencial para la iglesia primitiva, no menos valiosa ni esencial de lo que es para la iglesia de hoy.

6. Predicación

Dios utiliza la predicación de la Palabra para enseñar, desafiar, confrontar, convencer y exhortar a la congregación a la obediencia. La predicación es un elemento central de los cultos de adoración porque se centra en el Señor. Proclamar su Palabra y su santa verdad en todas partes es responsabilidad de la iglesia. Nada puede sustituir la predicación, la cual transmite la verdad de Dios a su pueblo y lo prepara para ser mensajero de Él.

Cuando adoramos a Dios, estamos ante Él con oración, confesión y alabanza para escuchar la predicación de la Palabra.

> Lo que has oído de mí ante muchos testigos, esto encarga a hombres fieles que sean idóneos para enseñar también a otros (2 Tim. 2:2).

7. La Santa Cena y el bautismo

Jesús estableció las ordenanzas de la Santa Cena y el bautismo como símbolos emotivos y memorables para que los creyentes reconocieran la obra de Él a su favor. Son dos actos de adoración hermosos y conmovedores que Jesús nos otorgó para que lo recordemos.

Imagine cómo habrá sido la experiencia del aposento alto en esos momentos en que Jesús repartió el pan partido entre sus discípulos horas antes de su crucifixión, mientras les indicaba: "Haced esto en memoria de mí" (Luc. 22:19). Luego compartieron la copa, "el nuevo pacto" en la sangre que Jesús derramó por todos los pecadores.

Juan el Bautista se había sorprendido de que Jesús quisiera bautizarse, pero Jesús insistió en que así convenía para cumplir "toda justicia".

> Y Jesús, después que fue bautizado, subió luego del agua; y he aquí los cielos le fueron abiertos, y vio al Espíritu de Dios que descendía como paloma, y venía sobre él. Y hubo una voz de los cielos, que decía: Este es mi Hijo amado, en quien tengo complacencia (Mat. 3:16–17).

Los cristianos deben seguir el ejemplo de Jesús al hacer del bautismo un elemento fundamental de su adoración. El día de Pentecostés, todos los que oyeron el mensaje de Pedro le preguntaron a él y a los demás apóstoles qué debían hacer. Pedro les respondió que debían arrepentirse y bautizarse "en el nombre de Jesucristo para perdón de los pecados; y recibiréis el don del Espíritu Santo" (Hech. 2:38). Estas dos ordenanzas, el bautismo y la Santa Cena, son elementos vitales de la adoración genuina.

8. Ofrendas

Cuando un cristiano entrega su ser, sus aptitudes, sus diezmos y sus ofrendas, lo hace como respuesta por su mayordomía, en obediencia, gratitud y confianza. Adorar en plenitud significa entregarse uno mismo en obediencia a Dios.

En primer lugar y sobre todas las cosas, nuestra vida es una ofrenda para el Señor. Pablo describió nuestra entrega en Romanos 12:1, cuando exhorta: "Así que, hermanos, os ruego por las misericordias de Dios, que presentéis vuestros cuerpos en sacrificio vivo, santo, agradable a Dios, que es vuestro culto racional". También debemos dar de nuestros recursos porque dar es un acto de adoración y reconocimiento del señorío de Dios sobre nuestra vida.

En las instrucciones finales a la iglesia de Filipos, Pablo les agradeció la generosidad.

> Y sabéis también vosotros, oh filipenses, que al principio de la predicación del evangelio, cuando partí de Macedonia, ninguna iglesia participó conmigo en razón de dar y recibir, sino vosotros solos; pues aun a Tesalónica me enviasteis una y otra vez para mis necesidades. No es que busque dádivas, sino que busco fruto que abunde en vuestra cuenta. Mi Dios, pues, suplirá todo lo que os falta conforme a sus riquezas en gloria en Cristo Jesús" (Fil. 4:15–17,19).

El enfoque de la adoración

El pastor es el líder de adoración y siempre debe asumir dicha responsabilidad con seriedad. Ya sea que haya un grupo de alabanza, un líder de adoración o que el pastor planee todo el culto o una parte, seguirá siendo "el líder". Y *debe* planificar la adoración en detalle.

He llegado a un punto de mi vida en que los ojos me juegan malas pasadas. He sido corto de vista casi toda mi vida, pero ese es solo uno de mis problemas. Hace unos cinco años comencé a notar que los brazos me resultaban demasiado cortos para poder leer bien. Y como si eso fuera poco, mi médico me dijo que pronto necesitaría ayuda para ver a la distancia que hay entre lo que leo y lo que está alejado. En resumen, necesito ayuda para enfocar la vista a varios niveles.

En realidad, la adoración no es algo diferente. El primero y principal nivel de "enfoque" es Dios. Es el único objeto de adoración a quien debemos satisfacer. El Señor debe ser el único interés central de la adoración, y *nunca pero nunca* deberá ser cualquier otra persona, sea creyente o incrédula. Estoy convencido de que solo los cristianos pueden adorar a Dios. La Biblia declara expresamente que la única persona que puede adorar al Señor es quien pueda hacerlo en espíritu y en verdad (Juan 4:24).

El segundo nivel de enfoque de la adoración deben ser los creyentes, a fin de celebrar la presencia y el avance del reino de Dios en el mundo. En la adoración los creyentes pueden ser transformados de manera maravillosa, y como líderes de adoración debemos hacer todo lo posible para que eso suceda.

El último nivel serán los incrédulos, quienes pueden ver y sentir la verdadera adoración al único Dios. Cuando ajustamos el foco en ellos, podemos hacer que la experiencia resulte cómoda y acogedora para que se entreguen a Cristo. Recordemos que estamos definiendo la adoración comunitaria como estrategia para alcanzar a personas no creyentes. Hay mucho que podríamos decir sobre la adoración en la vida de un cristiano, que es importante y necesitamos comprender, pero nuestra meta procura utilizar la adoración como una estrategia para hacer discípulos. Son escasas las iglesias que tienen una estrategia de adoración discipuladora.

"¿Y qué del estilo?", preguntará usted. Debe aplicar el estilo que satisfaga las necesidades de los creyentes de su iglesia y los incrédulos a quienes procuran alcanzar. El *estilo* no es importante, la *estrategia* sí lo es. Y si su enfoque incluye a creyentes e incrédulos, eso contribuye a mantener el equilibrio. Si cree que el estilo de adoración de su iglesia no es compatible con aquellos a quienes procura alcanzar, tenga cuidado sobre cuántos cambios vaya a implementar en el culto. Hágalo, pero de a poco y con una clara comunicación de la estrategia. Si es necesario, comience otro culto en un horario diferente u otro día de la semana. Concéntrese primero en el Señor y cerciórese de jamás hacer algo que deshonre a

Dios. Después, aplique cualquier estilo que considere necesario para alcanzar a las personas para Cristo.

La iglesia es responsable de alcanzar a los incrédulos para el Señor Jesús. Recuerde que una iglesia con enfoque en el reino integrará naturalmente en la adoración tanto a creyentes como no creyentes en Cristo.

Capítulo 11

DISCIPULAR: GRUPOS ABIERTOS

ERNESTO SACA DE LA GAVETA LA CARPETA rotulada "grupos pequeños" y la abre. Encuentra sus apuntes de las cuatro últimas conferencias a que asistió y los desparrama sobre el escritorio. "Tantas opciones, pero ¿cuál es la mejor para nosotros?", se pregunta. Mira los títulos de cada apunte y le vienen a la mente todas las conferencias sobre pequeños grupos, grupos con propósito, iglesias celulares, y de capacitación y liderazgo para escuelas dominicales.

"No sé cómo elegir el método adecuado; ¿qué debo hacer? —reflexiona—. Ya sé. Comenzaré con lo que necesitamos y de acuerdo al tiempo con el que contamos. —Y prosigue— ¿Qué tipo de grupos nos ayudará a *hacer* discípulos, que alcancen *madurez* y se *multipliquen*?"

¡Ahí está! Nuestro pastor ha dado un paso más para llegar a ser eficaz como pastor y líder de iglesia. La opción del ministerio en pequeños grupos celulares se debe basar en el enfoque en el reino que tiene la iglesia.

Lo que el pastor Ernesto necesita encontrar ahora es la manera de hacer participar a la congregación en esta grandísima oportunidad de hacer discípulos, contribuir a que logren la madurez y equiparlos para el ministerio que multiplicará la eficacia de la iglesia, y contribuirá a la obtención de los resultados más grandiosos para el reino. Los grupos abiertos son importantes porque se centran en las personas, son conducidos por laicos y se basan en la Biblia.

Los grupos abiertos están para guiar a las personas a tener fe en el Señor Jesucristo y para edificar a los creyentes a fin de que se asemejen a Cristo comprometiéndolos con la evangelización, el discipulado, la comunión, el ministerio y la adoración. Los grupos abiertos son pequeñas comunidades del reino diseñadas para que los creyentes y los incrédulos estén juntos en una atmósfera piadosa y propicia donde se comparta el evangelio.

Centrados en las personas

Los grupos abiertos eficaces nunca se centran en el contenido, aunque dicho contenido es importante. Es frecuente que los pastores y los líderes de las iglesias se concentren en el contenido de los grupos pequeños y olviden

“Mapa” o procedimiento modelo de una iglesia con enfoque en el reino

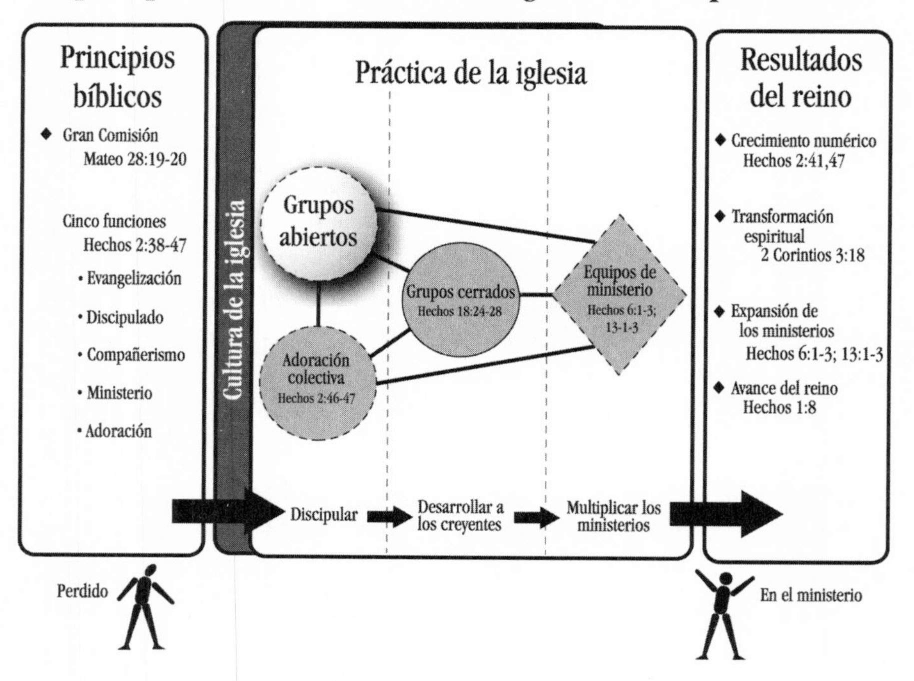

considerar la razón por la cual existen. Los grupos pequeños son una herramienta del reino para alcanzar a las personas para Cristo y para que tengan una relación transformadora con Él. Deben centrarse por sobre todo en la persona.

He visto muchas guías de programas de estudio para la iglesia que bosquejan los cursos y los estudios ofrecidos a los posibles participantes. Algunos están muy bien pensados y elaborados, y se los presenta con atractivos folletos. No obstante, al fin y al cabo, no se consideran las necesidades de las personas que asistirán. Los grupos pequeños de su iglesia deben concentrarse en las necesidades de las personas a quienes usted quiere alcanzar y capacitar. ¿Qué necesitan en esta etapa de la vida? ¿Qué conocimientos y aptitudes los podrían ayudar a vivir para Cristo o a tener una transformación espiritual?

Cada individuo se encuentra en un punto específico del sendero de la vida en cuanto a su relación con Cristo. Aquellos que no lo conocen deben ser alcanzados. Aquellos que sí lo conocen deben ser discipulados y capacitados en el ministerio del reino. Por eso los grupos pequeños de su iglesia deben centrarse en las necesidades de la vida espiritual de las personas a quienes influencian.

Conducidos por laicos

Visité hace poco una iglesia grande cuyo pastor se había ido frustrado y confundido. La congregación quedó tambaleante debido al impacto y el desconcierto que había dejado la partida del pastor. Cuando visité a los líderes, tenían solo una crítica hacia este hombre a quien amaban y respetaban. Todos me dijeron: "No nos dejaba ministrar". Luego de un sondeo más profundo, me di cuenta de que el pastor y algunos de sus colaboradores más cercanos dirigían todos los ministerios y nunca les daban la oportunidad a las personas de poner en práctica los dones espirituales.

Pastor, los grupos abiertos son bendiciones del reino para usted. Son herramientas poderosas para desarrollar iglesias con enfoque en el reino, pero usted debe comprender que solo tendrán éxito cuando los laicos guíen dichos grupos. Su función como pastor es guiar a los líderes para que entiendan lo que los grupos pequeños pueden hacer, pero ¡son ellos los que deben liderarlos! No haga el ministerio por ellos. Permítales que Dios se valga de los laicos para cumplir su voluntad divina en estos grupos. De esta manera usted puede multiplicarse cientos de veces más que si tratara de hacer las cosas por sí mismo.

Dios ha levantado a los pastores para que guíen a la congregación y para que se multipliquen en la congregación. Los grupos pequeños son una de las mejores herramientas para hacerlo.

De base bíblica

Hoy en día hay tantos recursos para grupos pequeños como grupos pequeños hay. Desde estudios bíblicos hasta clases de arte y manualidades. Sin embargo, si usted desea edificar una iglesia con enfoque en el reino, la Biblia debe ser el centro de todo lo que cada grupo pequeño realice. Usted se preguntará: ¿por qué? Por varias razones.

En primer lugar, solo la Biblia puede suplir las necesidades espirituales de las personas en cualquier momento específico y en todo momento. Cualquier otra cosa es tan solo una opinión, y una opinión puede ser tan buena como otra. La Biblia es la revelación escrita de Dios mismo para nosotros. No hay un sustituto, y cuando nos apartamos de ella solo nos hacemos daño.

Otra razón es que la Biblia es un documento vivo que, como recurso, puede suplir las necesidades de toda persona que asista a un grupo pequeño. No hay ningún otro recurso que sea tan actual y capaz de hacer esto como lo hace la Biblia.

Por último, la Escritura revela las necesidades de los discípulos y la respuesta de Dios. Cuando la Biblia nos habla no es una conjetura ni una opinión, ni tampoco es una sugerencia cuando Dios nos da una respuesta. La Biblia es la herramienta del Espíritu Santo para convencernos de pecado y para edificarnos en Cristo.

Una estrategia para los grupos abiertos

Una cosa es saber la teoría que hay detrás de los grupos abiertos, pero otra cosa es desarrollar una estrategia eficaz para ellos. A continuación aparece una estrategia comprobada, confiable y segura para mejorar sus grupos abiertos. Recuerde que se centran en las personas, son conducidos por laicos y se basan en la Biblia. Al igual que en la adoración, los grupos abiertos son el lugar donde se reúnen los creyentes y los incrédulos. Cada grupo abierto tiene que concentrarse en dos tipos de personas. Para que le quede más claro, los denominaremos *candidatos* y *alumnos*.

Candidatos

Ya sea que los grupos pequeños tengan lugar en la escuela dominical, en grupos celulares, en grupos con cierta afinidad o en grupos hogareños de estudio bíblico, debe concentrarse en los candidatos o en los alumnos. Los candidatos se pueden clasificar en tres categorías que deben abordarse de manera algo diferente.

1. Los candidatos que no son creyentes. Estos son individuos que su iglesia ha descubierto de diversas maneras. Están perdidos, no son salvos ni pertenecen al reino de Dios. Más allá de lo que hagamos por ellos, tal como invitarlos a actividades especiales de la iglesia, cultos de adoración u otras actividades, el enfoque debe ser evangelizarlos y llevarlos a Cristo. Las personas perdidas son nuestra responsabilidad y no podemos dejarlas solas para que mueran en pecado. Los incrédulos deben ser evangelizados como parte de la estrategia de nuestro grupo abierto. La manera más fácil de evangelizar en el reino es por medio de los grupos abiertos. Los perdidos tienen que estar bajo la influencia de los creyentes para que experimenten el amor, la ministración y el testimonio. Es mucho más fácil evangelizar a una persona en un grupo que en cualquier otro contexto.

2. Los candidatos que son creyentes pero que no asisten a la iglesia. Hay miles de personas en el mundo, si no millones, que son creyentes pero que no han encontrado una iglesia. Se trata de personas que recién se han mudado o tal vez hayan vivido allí por años pero que por alguna razón no participan en ningún ministerio. No solo es una situación poco saludable desde el punto de vista espiritual, sino que también es dañino para el creyente. Cuando los cristianos se relacionan unos con otros constituyen el corazón y el alma de una iglesia con enfoque en el reino. Todo creyente que no se congrega está fuera de la voluntad de Dios.

Se habla mucho hoy día sobre el cuerpo de Cristo. Por lo general se hace de una manera vaga y poco descriptiva. El Antiguo Testamento con frecuencia habla sobre el pueblo de Dios, y el Nuevo Testamento habla sobre el cuerpo de Cristo. Sin embargo, el cuerpo de Cristo no es nada sin los miembros que se pertenecen mutuamente, se quieren, adoran juntos y se edifican unos a otros en Cristo. En el Nuevo Testamento, la mayoría de las referencias sobre la iglesia son congregaciones locales de creyentes que existen porque tienen un propósito en el reino. Los creyentes que no pertenecen a una iglesia deben ser alcanzados e incorporados al cuerpo de la iglesia local. Este no es un argumento que apela a la membresía en términos formales sino a la obediencia a la voluntad de Dios. Los creyentes necesitan ser parte de una iglesia local y de grupos pequeños para ministrar, tener comunión, testificar, adorar y aprender. Cuando usted identifica a creyentes que no pertenecen a ninguna iglesia, vaya a buscarlos e incorpórelos a sus grupos abiertos.

3. Los candidatos que son creyentes y que están en su iglesia local pero no en los grupos pequeños deberían ser alcanzados e incorporados en un ministerio eficaz. La iglesia que adora llega a ser la iglesia que trabaja con grupos abiertos. Hoy día casi todas las iglesias tienen muchos miembros que asisten a los cultos de adoración y disfrutan de la música, la predicación y el entusiasmo. Sin embargo, un miembro no puede ministrar ni extender el reino en un culto de adoración. Los grupos abiertos permiten que las cinco funciones puedan ponerse en práctica con eficacia y brinda a cada miembro la oportunidad para ministrar.

Los grupos abiertos son la base de la continua transformación del creyente para asemejarse más a Cristo e influir en el reino con eficacia. Esto no puede darse en la adoración. La estrategia más eficiente para alcanzar a los *candidatos*, entonces es evangelizar a los incrédulos, conseguir que los creyentes que no asisten a una iglesia lo hagan e incorporar a los miembros de la iglesia en los grupos abiertos.

Alumnos

Una vez que se incorpora a los candidatos, estos pasan a ser alumnos. Estos creyentes participan entonces de la enseñanza curricular bíblica que se concentra en las necesidades personales, y comienza un ministerio fundamental para la transformación del creyente. La participación en los grupos abiertos es constante para los creyentes porque, como veremos más adelante, ellos son la estrategia fundamental para todo lo que una iglesia hace.

Los grupos abiertos cumplen con la Gran Comisión al evangelizar a los perdidos, discipular a los creyentes por medio del estudio bíblico, dar lugar a la comunión interpersonal al desarrollar relaciones entre creyentes e incrédulos, comprometerlos en el ministerio con y para otros miembros de la clase. Los grupos abiertos forman una alianza poderosa junto con los cultos de adoración (grupos abiertos grandes) para edificar el reino de Dios con eficacia.

Es quizás erróneo llamar "clase" a un grupo abierto. Son clases en el sentido de que se estudia la Biblia, pero son mucho más que eso. Son entidades del reino que se basan en las cinco funciones de la iglesia. Son organismos vivientes erigidos para las personas que los integran.

Multiplicación para la eficacia del reino

Si usted desea que la iglesia crezca, tal vez deba comenzar algo nuevo, como nuevos ministerios o cultos de adoración o multiplicar lo que ya hace. No hay manera de que una iglesia sana crezca sin comenzar algo nuevo. Las empresas se valen de este simple principio al construir nuevas tiendas en lugares novedosos o al comprar negocios que ya existen. Para extenderse deben hacer algo más de lo que han hecho hasta el momento.

¿Cómo crecerá su iglesia? Cuando usted llene el santuario donde adoran, ¿habrá edificado también a la congregación? ¿Será capaz de que los adoradores maduren y de que usted se multiplique en la vida de ellos? La manera más rápida para edificar una iglesia con enfoque en el reino es por medio de la multiplicación de grupos abiertos. Usted puede aumentar el número de personas que vienen a adorar, puede agregar ministerios y puede construir edificios, pero nada edificará el reino más que los grupos abiertos. Ellos son dinamita comparados con las demás alternativas.

Los grupos abiertos son un verdadero regalo divino para alcanzar a los incrédulos y extender el reino de Dios. La estrategia más simple (y la más eficaz que se haya diseñado) tiene cinco principios básicos.[1] No importa dónde esté usted, no importa el tamaño de su iglesia y no importa lo que haya tratado de hacer antes, estos son principios que funcionan. Este es el momento cuando el disertante de una conferencia advierte: "No trate de hacer esto en su casa". En este caso, yo le digo a usted: "¡Haga exactamente lo que digo y le garantizo que tendrá estupendos resultados!" Analicemos dichos principios (que, dicho sea de paso, fueron desarrollados por un laico).

1. Identifique a los candidatos

¿Recuerda las tres categorías de candidatos que se mencionaron con anterioridad? Bueno, uno no puede alcanzar a las "categorías", ¿verdad? No. Entonces se debe identificar a las personas. Es decir que debe saber el nombre, la dirección, el teléfono o qué relación tienen con alguien de la iglesia. ¿A cuántas personas cree usted que puede identificar en este momento como candidatos para cualquiera de los grupos abiertos?

La teoría de los grupos abiertos es emocionante. Hay miles de libros sobre la escuela dominical, los grupos celulares, los grupos hogareños y los grupos con cierta afinidad. Me encanta leer sobre las diversas teorías y filosofías. Yo siempre me entusiasmo cuando alguien habla del éxito en las clases de la escuela dominical o en los demás grupos pequeños. Sin embargo, ninguna estrategia ni filosofía puede ocupar el lugar de identificar a aquellos individuos y familias que queremos alcanzar. La pasión y el propósito deben transmitirse a personas reales con un nombre, un empleo, una dirección y una familia.

Le sugiero que ya mismo comience a identificar a aquellos que *podrían* asistir a sus grupos abiertos. No se preocupe en este momento por si ellos vendrán o no. Tan solo identifíquelos y ponga sus nombres en una lista para futura referencia.

2. Desarrolle una organización

La segunda clave para una estrategia de grupos abiertos es el desarrollo de una organización para administrar el crecimiento que Dios dará una vez que se comience a alcanzar a los candidatos y a enseñarles a los alumnos. Casi todos esperamos hasta último momento para desarrollar la organización que necesitamos, pero si usted desea una iglesia con enfoque en el reino, es esencial pensar acerca de la organización antes de comenzar. Si no se piensa en eso, se es propenso a experimentar un rápido crecimiento solo para perderlo cuando las personas a quienes ha alcanzado se dispersan en el desorden porque no saben dónde ir ni cómo servir.

La organización no hace que usted tenga éxito, pero la falta de organización lo llevará al fracaso. Usted debe considerar qué tipos de grupos abiertos va a tener y qué tipo de estructura necesitarán. Recuerde que estos grupos son conducidos por laicos, con lo cual debe darles a los líderes una estructura para que ellos sean más eficientes. No permita que su estrategia sea dictaminada por la organización presente o futura. Mas bien, permita que su estrategia dictamine su organización. Si usted tiene grupos de escuela dominical para niños, jóvenes y adultos, entonces debe tener una organización que permita el éxito de dichos grupos. Si usted tiene grupos hogareños, grupos con cierta afinidad o células, entonces tendrá una estructura única en su género para ellos.

Una organización es el conjunto formal de personas a quienes se les ha asignado tareas específicas para instrumentar la estrategia que usted eligió. Alguien debe ser responsable por todo el trabajo de la organización y otros serán responsables de algunas partes. Al fin y al cabo, la organización es la manera de determinar el flujo de trabajo y las relaciones humanas para mejorar la eficacia mientras se minimizan los esfuerzos.

Recuerde que los grupos abiertos exitosos evangelizan a los incrédulos, reclutan a los creyentes que no son miembros e inscriben a los creyentes que asisten a los cultos pero que no son parte de los grupos abiertos. Una vez que las personas están en un grupo, la estrategia es brindarles enseñanza bíblica, compañerismo, discipulado básico y ministración. Es poco probable que un grupo tenga éxito si la organización no refleja una estrategia. Para que la organización sea exitosa es esencial que se asignen personas para cada función crítica.

3. ¡Capacite, capacite y capacite!

Otra clave para que los grupos abiertos tengan éxito es capacitar a cada líder de su organización. Debido a la presión de estos tiempos, muchas de nuestras iglesias fallan en este punto crítico. Con frecuencia veo iglesias con buenas estrategias y sólidas organizaciones. Se concentran en el alcance y la enseñanza de la gente, tienen pasión por lo que hacen, pero carecen de capacitación. Si usted no capacita, la personas harán las cosas como les parezca y usted nunca cumplirá con la estrategia. No quiero decir que tenga que ser un autócrata, un dictador ni un opresor. Lo que quiero decir es que su organización debe tener una disciplina para lograr la estrategia y alcanzar las metas.

Todos necesitan capacitarse, ya sea en el trabajo, en los deportes o en los grupos pequeños. El nivel que tiene la enseñanza, la evangelización, el compañerismo y la ministración en sus grupos depende proporcionalmente de la capacitación. No deje que los horarios y las actividades de las personas impidan que usted lleve a cabo la capacitación.

Tal vez no pueda realizar todo lo que desea al principio, pero a su tiempo comprobarán el valor de la capacitación. El éxito que usted vea con el tiempo será el resultado de la capacitación que les dio. Recuerde que usted no puede hacerlo todo. Este es un ministerio laico y su congregación es la que debe capacitarse para tener éxito. Hágalo una vez por semana o por medio de un sitio en la web. Hágalo de forma periódica en retiros y conferencias o de uno en uno en los hogares. ¡Pero hágalo!

Esta es un área donde usted tiene muchos recursos que lo ayudan. Hay un sinfín de materiales de capacitación, conferencias, videos, libros y expertos que lo ayudarán a que sus grupos abiertos tengan éxito. Si usted tiene una escuela dominical, es probable que pueda obtener materiales a nivel nacional e incluso internacional. La escuela dominical ha existido desde el siglo XIX, y es tan viable hoy como lo fue siempre. Lo mismo sucede en cuanto al material disponible para los grupos celulares, grupos hogareños y demás grupos similares. Solo recuerde que la capacitación es mejor cuando es básica. Si es así en todas partes… ¿por qué no en su iglesia?

4. Un hogar propio

Usted tiene una estrategia estupenda, una organización minuciosa y un plan de capacitación. Todo va bien hasta ahora, pero queda una pregunta. ¿Dónde se reunirán estas personas? No importa cuál sea la manera en la que escoja llevar a cabo estos grupos, lo cierto es que deben reunirse en algún lugar. Usted es responsable por el horario y la ubicación. Si se reúnen en el edificio de la iglesia, se deberán preparar las aulas. Si se reúnen en los hogares, alguien se deberá encargar de hacer una lista de miembros dispuestos a ofrecer sus casas y prepararse para que el grupo se reúna allí. La hora y el lugar son cruciales porque lleva a otras cuestiones. Si usted tiene grupos abiertos durante la semana en los hogares o la iglesia, deberá considerar cómo cuidar de los niños, la duración de la reunión y la duración de las clases.

5. Ir a buscarlos

Usted tiene una estupenda estrategia. Entiende perfectamente lo que quiere y cómo lo quiere. Ahora ¿qué nos falta? Ir a buscarlos. Así es, para poner en práctica la estrategia, debe hacer que las personas asistan a los grupos abiertos. ¿Cómo debería hacerlo? De la mejor manera y con la mayor eficiencia. Llame a las personas, visítelas, mándeles un mensaje por correo electrónico o haga cualquier otra cosa que funcione. Puedo asegurarle que hay mucha gente que puede decirle lo que no funciona, por eso permítame contarle lo que sí funciona. ¡Lo que usted haga, funcionará!

Compartiré con usted una experiencia que aún me hace sonreír. Estaba en el sur de California, y escuchaba una entrevista en la que un investigador famoso enfatizaba que ya no se puede confrontar a las personas para evangelizarlas ni visitarlas en sus hogares. "Los días de la escuela dominical y la visitación casa por casa pasaron a la historia", proclamó. Esa misma noche y a unos 15 kilómetros [unas 10 millas] de la casa de este hombre, nosotros realizamos una visitación puerta a puerta con equipos formados por 3 personas y ¡llevamos a 73 personas a Cristo! No deje que los demás le digan lo que funciona y lo que no. Use todo lo que debe, pero vaya donde está la gente y llévela a sus grupos abiertos.

Repasemos el tema de los grupos abiertos antes de continuar. Se centran en las personas, son conducidos por laicos y se basan en la Biblia. Existen con el propósito de evangelizar, enseñar, tener compañerismo y discipular. Van de la mano con los buenos cultos de adoración porque ambos brindan la oportunidad de que los creyentes y los incrédulos participen juntos. Las cinco funciones están presentes en cada grupo para ayudar a la iglesia a cumplir con la Gran Comisión y extender el reino de Dios. La iglesia que adora llega a ser la iglesia que trabaja mediante grupos abiertos exitosos.

Capítulo 12

PROPICIAR LA MADUREZ DEL CREYENTE: GRUPOS CERRADOS

EL PASTOR ERNESTO SE ENTUSIASMA al comenzar a comprender la relación de sus grupos pequeños con el resto de la estrategia de la iglesia. Se siente más confiado al imaginar cómo se capacitarán y equiparán para ministrar los miembros de su congregación. Hacer discípulos, propiciar su madurez y multiplicarlos es algo sencillo de entender y no tan difícil de hacer. Sin embargo, necesita estructurar a sus grupos cerrados a fin de equipar a la congregación para el ministerio. ¿Qué significa eso y qué aspecto tiene?

El pastor recuerda que hace solo un año él y sus líderes cambiaron el programa de los grupos pequeños para atraer a más personas. Pareció dar buenos resultados los tres primeros meses, luego la asistencia volvió a declinar y volvieron a encontrarse como al principio. ¿Qué habrá entonces de diferente esta vez? Tres simples palabras harán la diferencia: *ser, conocer* y *hacer*. Las tres palabritas son esenciales para el éxito de los grupos cerrados.

El propósito de los grupos cerrados es edificar a los líderes del reino y equipar a los creyentes para el servicio al influir en ellos de un modo que los motive a la transformación espiritual mediante una capacitación autónoma y a corto plazo en un ambiente de responsabilidad ante Dios y entre los hermanos.

"Mapa" o procedimiento modelo de una iglesia con enfoque en el reino

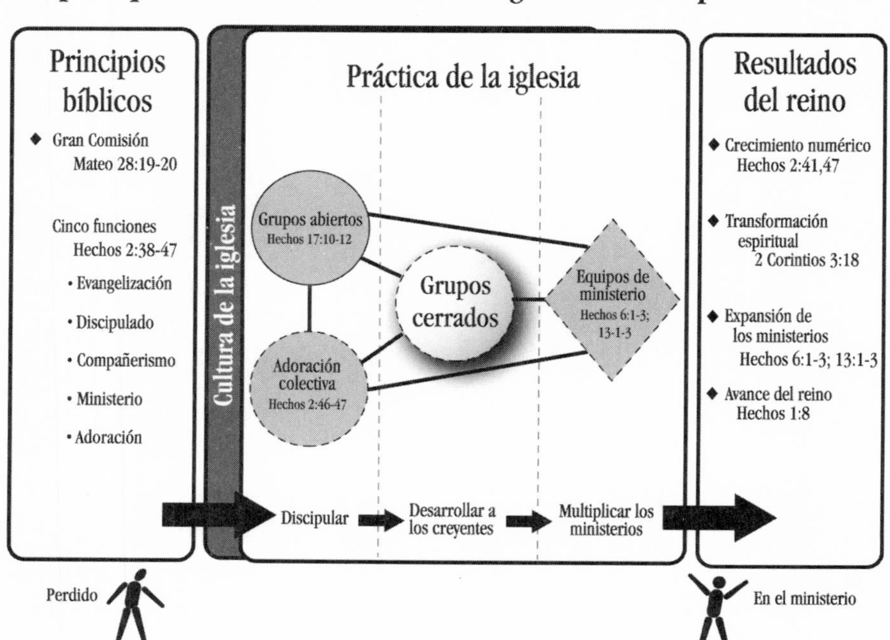

Recuerde que los grupos abiertos están para alcanzar a las personas y hacer que se relacionen entre sí. Una estrategia exitosa para los grupos cerrados que también esté centrada en las personas, sean conducidos por laicos y posean base bíblica, los equipará para el ministerio del reino. Y aunque el enfoque de los grupos cerrados sea el mismo que el de los grupos abiertos, la experiencia es diferente pues por lo general los primeros se dedican más al contenido. Los grupos abiertos comienzan pequeños y crecen. Los grupos cerrados suelen comenzar grandes y terminan con una participación más reducida. La duración de los grupos abiertos es indefinida, en tanto que los grupos cerrados duran por un lapso limitado. Los grupos abiertos se constituyen para enseñar, evangelizar y asimilar a las personas. Los grupos cerrados se han diseñado para equipar a los líderes para el ministerio. Los grupos abiertos alcanzan a incrédulos y creyentes por igual. Los grupos cerrados se dedican a los creyentes que necesitan madurar para el ministerio.

Los grupos cerrados son "incubadoras" que se ocupan de los creyentes deseosos de aprender cómo poner en práctica la fe y testificar de ella a los demás. Los grupos cerrados están para edificar a los líderes del reino y equiparlos para que sean multiplicadores del reino a través de la capacitación y el estudio a corto plazo. La presentación de los grupos abiertos y el culto de adoración procura que todos se sientan bienvenidos, en tanto que los grupos cerrados son más intensos, apuntan a lograr un mayor grado de conocimiento bíblico y experiencia en conceptos cristianos.

Los grupos cerrados representan la etapa de maduración que continúa e intensifica el proceso de asimilación de nuevos creyentes y miembros. Cada uno es un grupo de capacitación constituido en su mayor parte por creyentes en Cristo. El enfoque es el entrenamiento, el contexto es el discipulado y el propósito es motivar a los miembros a avanzar al siguiente nivel de experiencia y consagración cristiana.

Este proceso de desarrollar a un creyente (es decir, la transformación de discípulo a discipulador) es el futuro de la evangelización. Creo que la mayor amenaza a la iglesia de hoy es la pérdida de ministerios impulsores del discipulado donde los creyentes maduros y espiritualmente transformados puedan multiplicarse a través de otras personas. La Gran Comisión destaca tanto la evangelización como el discipulado.

Para que los creyentes ministren con eficacia, deben ser transformados en Cristo (ser), deben conocer la verdad (conocer) y deben tener las aptitudes y/o los dones espirituales para ministrar con eficacia (hacer).

Los grupos cerrados deben equilibrar las características de ser/llegar a ser, conocer y hacer. Deben tener un diseño que les permita ser completos y continuos, pues los discípulos necesitan la capacitación continua. Si lo hacemos bien, los creyentes exhibirán las tres características importantes de los discípulos maduros (amor, fe y obediencia) en tanto que al mismo tiempo ministrarán con eficacia en la obra del reino.

Ciertos estudios demuestran que hay seis inquietudes básicas en la vida de los creyentes. Desean crecer en su relación con Cristo y también desean ayuda en lo familiar, la educación de sus hijos, la comprensión de su realidad, de su trabajo y de su iglesia. En otras palabras, un creyente desea crecer en Cristo como individuo, como cónyuge, como padre de familia, como ciudadano del reino de Dios y como ciudadano del mundo, y desea ocuparse de una vocación importante en el reino.

Piedras fundamentales para la capacitación

Para satisfacer estas necesidades con la máxima eficacia, los creyentes deben recibir enseñanza y capacitación en siete áreas críticas. El material de estudio para grupos cerrados se edifica sobre siete "piedras fundamentales" que son esenciales para la madurez. Cada área o piedra posibilita la madurez del creyente en las tres áreas de ser, conocer y hacer. Si bien figuran en una lista a continuación, no se indican en secuencia ni se logran sencillamente con la experiencia de "un curso". Estas piedras constituyen una experiencia amplia y continua para nuestra vida.

1. El enfoque principal será el reino de Dios. La única manera en que una persona será capaz de hacer algo en el reino es por medio de la gracia y el poder de Dios.
2. Los miembros deben contar con una clara comprensión de su identidad en Cristo. Los creyentes solo maduran y superan el pecado cuando Él se constituye en el enfoque de su vida.
3. A medida que cambie la relación de un creyente con Dios, también cambiarán otras relaciones: la familia, el trabajo o la escuela y todas las demás relaciones.
4. Los participantes llegan a experimentar a la iglesia como la familia de Dios y a comprender que el cuerpo de Cristo funciona a través de los dones del Espíritu y se relaciona con los demás por medio del fruto del Espíritu.
5. Los participantes vuelven a evaluar su carrera laboral (o sus estudios) a la luz de la verdad bíblica. Exploran la relación del trabajo y su llamado como creyentes.
6. Los creyentes enfrentan la realidad de la guerra espiritual en el mundo, se arman contra la tentación y Satanás, practican la

oración en el poder de Dios y se alegran cuando otras personas son libradas de las fuerzas del mal.

7. Los miembros adquieren una perspectiva mundial bíblica al ver cómo los creyentes y las iglesias pueden impactar la cultura y la sociedad.

Una estrategia para los grupos cerrados

Entonces, ¿cuál es la estrategia para que los grupos cerrados tengan éxito? En primer lugar, debe cerciorarse de conocer las necesidades de las personas a quienes procura ayudar a madurar en Cristo. Diseñe los grupos según las personas que vayan a integrarlos. No se limite sencillamente a integrar personas a los grupos que haya decidido conducir. Permítame repetirlo: ¡Los grupos cerrados se diseñan para las necesidades de las personas! En otras palabras: ¡No diseñamos primero los grupos cerrados para incorporar después a las personas que podrían estar interesadas! Descubra las necesidades de cada creyente y luego diseñe los grupos que ayuden a que cada uno comprenda lo que necesita, a que desarrolle aptitudes para el ministerio o a que se encamine hacia la transformación espiritual.

Recuerde que sus metas son ser, conocer y hacer. Algunos materiales de estudio para grupos pueden lograr las tres, en tanto que otros solo intentan lograr una o dos. Seleccione el material con atención y *jamás* use uno que no contribuya a la madurez de los creyentes de esta manera. La vida es breve y las necesidades son enormes. Equipe a las personas para la vida y el ministerio, y así siempre tendrá éxito.

El mejor lugar para reclutar a los creyentes son sus grupos abiertos. El segundo lugar son los cultos de adoración. No hay problema con reclutar a creyentes que no sean parte de su iglesia, pero para usted la obligación fundamental es equipar a las personas de su congregación. Siempre es mejor enlistar en forma individual, con el objetivo en mente de lo que un grupo en particular hará por esa persona. Si usted solo promociona los grupos ante su congregación en general, no dará con la mayoría de aquellos que más ayuda necesitan.

Recuerde que los grupos cerrados tienen un propósito específico para un lapso específico. La mejor manera de equipar a los miembros de su congregación es que usted se acerque a ellos y les diga por qué desea que estén en el grupo que ha diseñado. Si ellos conocen las expectativas, la duración de las clases y el fruto esperado, entonces es probable que asistan. Siempre depende de la fidelidad, la disponibilidad y el deseo del creyente, pero los líderes pueden lograr mejores resultados cuando todo se planea y presenta con claridad.

Diseñe los grupos para todos los niveles de madurez espiritual: principiante, básico y avanzado. Repita durante el año el ciclo de los grupos que satisfagan las necesidades de gran cantidad de sus miembros. Hágalos funcionar con continuidad y haga que el material de estudio sea integral. Nunca habrá una etapa en que un creyente pueda dejar de aprender, de modo que no se detenga.

Antes de proseguir, deseo aclarar algo importante sobre el uso de un currículo para grupos cerrados en grupos abiertos. Tal vez lo que voy a expresar no sea algo profundo, pero puedo asegurarle que mi aclaración le ahorrará tiempo, y le evitará angustias y fracasos. Como ya vimos antes, los grupos abiertos difieren mucho de los grupos cerrados. Las diferencias en estrategia, propósito, efectos e intensidad requieren que el currículo también sea diferente. Los grupos abiertos incluyen a creyentes e incrédulos, de modo que el material de estudio debe satisfacer las necesidades de ambos grupos. ¿Con qué currículo se puede evangelizar a los incrédulos y, a la vez, edificar a los creyentes? La Biblia es la única respuesta a esa pregunta. Es inspirada y usada por el Espíritu Santo para convencer a los incrédulos y llamarlos a la conversión, mientras que al mismo tiempo transforma a los creyentes a la semejanza de Cristo. Le ruego que mantenga los grupos abiertos dedicados a un estudio bíblico que permita a las personas integrarse al grupo en cualquier momento. Si usted utiliza un currículo para grupos cerrados en un grupo abierto, este perderá su dinamismo de inmediato y fracasará.

Ahora el pastor Ernesto puede ver el modelo escritural de la forma exitosa de conducir la iglesia. Reconoce que hay una forma de ocuparse de aquello a lo que ha sido llamado. El liderazgo, sin importar cuán agotador sea, solo puede concretarse si el líder comprende la esencia, el método y la razón de la tarea. Ernesto comprende que Dios lo llamó para liderar y equipar a su congregación para que esta vaya a los incrédulos y haga de ellos discípulos, que procure la madurez de los creyentes, y que los equipe para ministrar. Él sabe que debe multiplicarse a sí mismo por medio de la congregación en la tarea de la Gran Comisión.

Pastorear nunca es fácil. Conducir una iglesia es con frecuencia agotador. La obra del reino a veces cuesta, pero es imposible sin el enfoque en el reino. Un enfoque en el reino encamina a todos hacia la Gran Comisión, las cinco funciones de la iglesia y el modelo que describe el procedimiento que seguimos. Es algo lógico, espiritual y eficaz. No se trata de un método que hoy sirve y mañana desaparece. No es una manera de adaptar o copiar la estrategia exitosa de otros para la situación que uno enfrenta. Un enfoque en el reino asocia el método con la esencia y la razón del ministerio. Influye en el diseño del ministerio en su totalidad y en sus partes. Posibilita lo que muchas veces resulta incomprensible a los pastores y a los líderes de las iglesias.

El pastor Ernesto está listo para comenzar la jornada tras adquirir esta nueva percepción. Tiene confianza en los resultados, aunque es consciente de los desafíos. Se complace en rendirse así al Señor y a la voluntad de Él para su iglesia. Ernesto anhela ver lo que Dios hará en él y a su alrededor, lo que hará por su intermedio, como así también en la congregación. Tiene un enfoque en el reino, un plan de acción del reino y una pasión por el reino.

Capítulo 13

MULTIPLICAR LOS MINISTERIOS: EQUIPOS DE MINISTERIO

POR FIN ERNESTO DA EN LA CLAVE de su estrategia con enfoque en el reino: la multiplicación de los ministerios. Armado con una nueva visión, sus propósitos ahora son ver a cada persona evangelizada, y a cada creyente edificado en Cristo y comprometido con el ministerio del reino.

Este es el modelo que vimos en Mateo 9 y debe ser el nuestro. Muchas iglesias fracasan en este punto, pero ministrar es la meta principal para los discípulos.

Primero consideramos la adoración colectiva y los grupos abiertos, acogedores, amigables y accesibles a todos, con el propósito de formar a creyentes nuevos y de hacer discípulos. Luego vimos los grupos cerrados, actividades cristianas intensivas, con un propósito determinado, que sirven como incubadoras para transformar a los discípulos en multiplicadores del reino. Los equipos de ministerio están para edificar el cuerpo de los creyentes para el servicio en la iglesia y en las misiones mundiales.

El esquema de la próxima página nos ayuda a ver cómo cada elemento de lo que hace la iglesia facilita el proceso de llevar a los perdidos (a la izquierda) al ministerio y al servicio (a la derecha). Fíjese que los círculos correspondientes a la adoración y a los grupos abiertos tienen líneas de punto, para reflejar la idea de que cualquiera puede participar en cualquier momento.

"Mapa" o procedimiento modelo de una iglesia con enfoque en el reino

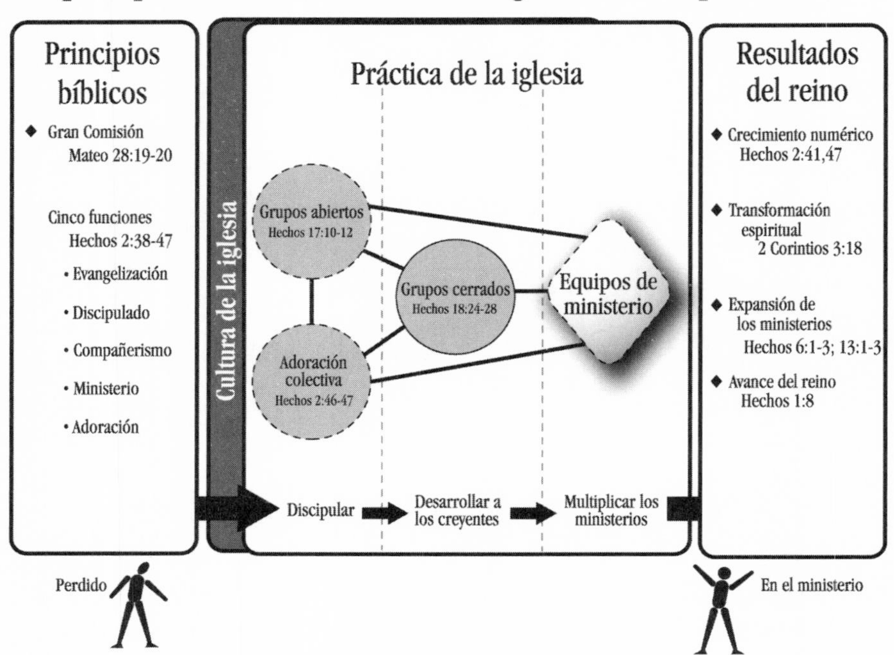

Por el contrario, los grupos cerrados tienen líneas plenas, para indicar que estos grupos son cerrados y autónomos por períodos cortos.

El rombo, que trataremos en este capítulo, está representado por líneas de punto. Explicaremos de qué manera los equipos de ministerio son siempre abiertos. Fíjese cómo las líneas que unen cada elemento de lo que la iglesia practica van en ambas direcciones. Esta es una buena ilustración de la dinámica del proceso al hacer discípulos, desarrollar a los creyentes y multiplicar los ministerios en una iglesia local.

Los equipos de ministerio están para edificar el cuerpo de Cristo a fin de cumplir con la tarea de servicio que tiene la iglesia e impulsar el reino de Dios por todo el mundo. La tarea del avance del reino es comenzar nuevas comunidades del reino con la urgencia de alcanzar a aquellos sin Cristo.

Los equipos de ministerio representan la plataforma multiplicadora que le permite a los miembros extender el alcance e impactar más a la cultura. Cada cristiano tiene la oportunidad de guiar a otros a Cristo, y cada uno de estos, a su vez, pueden llevarle el mensaje a otro, a un círculo mayor de personas. Se aumenta así de manera geométrica el número de personas salvas.

Uno de los ministerios más exitosos en las iglesias que conozco es el desarrollado por el pastor Charles Roesel, de Leesburg, Florida. Como muchas congregaciones emplazadas en vecindarios transitorios, la iglesia se enfrentó a la decisión de si permanecía en el centro de la ciudad o se trasladaba a los suburbios donde la población aumentaba. Decidieron quedarse. El pastor Roesel fundó un ministerio grandioso según el ejemplo de Cristo, demostrándonos que la evangelización es lo más importante. Él y su iglesia no solo ministraron a los necesitados sino que también los bautizaron, los capacitaron y los enviaron como evangelistas. Vieron que prosperaban no solo por las estadísticas sino en los rostros de las personas.

En la década de 1990 se vio un aumento considerable en los grupos pequeños a corto plazo diseñados para equipar a los cristianos para el ministerio. Se podría conjeturar que tal vez hubo un gran aumento en la actividad ministerial de los creyentes. Sin embargo, con excepción de casos aislados, tal como el aumento de las misiones de voluntarios a corto plazo, no se dio tal incremento. Por el contrario, la investigación muestra que muchas iglesias dicen que el mayor desafío que enfrentan es tratar de conseguir gente que sirva en los ministerios ya existentes, así que mucho menos tienen para comenzar con nuevos programas. Estas iglesias avanzan en la medida de lo posible, apoyadas por un número pequeño de miembros dedicados que lo hacen todo. Lo más alarmante es que la gente termina agotada.

En otras palabras, hay una inquietante disociación entre el creciente número de grupos cerrados de estudio y el porcentaje estático de participantes que se comprometen con el ministerio. Esto resalta la importancia de hacer algo más que capacitar cristianos. Los líderes de las iglesias deben *estimularlos* para que *trabajen*. Observemos cómo los equipos de ministerio pueden lograr que entre candidatos de la iglesia se levanten miembros que evangelicen en el nombre de Jesús.

Cada denominación tiene congregaciones que se conocen por su atención y compasión al ministrar a sus miembros. Lo que usted necesite, en el aspecto físico, emocional o social, dichas iglesias están dispuestas a suplirlo. A otras congregaciones se las conoce por el evangelismo o los programas sociales que se concentran en las personas fuera de la iglesia. La verdad es que una iglesia con enfoque en el reino prospera cuando tiene *ambas* cosas.

Los equipos de ministerio aparecen en toda la Biblia. Desde el momento en que Jesús envió a los doce en su primera misión hasta el ministerio de Pablo y Silas, la Biblia enseña que los cristianos deben aunar sus fuerzas para proclamar las buenas noticias. Los equipos de ministerio son, de algún modo, parte implícita de toda iglesia. El problema, que es el mismo que hemos visto en otros lugares, es que los equipos con frecuencia pierden la perspectiva de la necesidad de compartir el evangelio. Sin esta visión, mantienen a la iglesia ocupada pero no llegan a lograr mucho.

Los equipos de ministerio que producen multiplicadores del reino con las habilidades y las convicciones necesarias para ganar a los perdidos para Cristo comparten ciertas similitudes. La primera, y la más importante, es que deben filtrar o dejar de lado cualquier meta o actividad que sea incompatible con el cumplimiento de la Gran Comisión. Los equipos de ministerio deben basarse en los principios bíblicos y concentrarse en los resultados bíblicos.

Segundo, deben cumplir con una o más de las cinco funciones de una iglesia con enfoque en el reino, que se identificaron en el capítulo 7 como evangelización, discipulado, compañerismo, ministerio y adoración.

Tercero, deben apuntar a los resultados específicos del reino: crecimiento numérico, transformación espiritual, expansión de los ministerios de la iglesia y avance del reino.

Los equipos de ministerio pueden centrarse en la congregación o en la comunidad. Fíjese que el rombo del diagrama señala tanto hacia afuera como hacia adentro y uno no debe dominar sobre el otro. Debe haber un lugar en el equipo de ministerio para cada persona que quiera y esté calificada para participar. A todo creyente se le encomienda ser parte de un ministerio. Los equipos de ministerio también lideran a otros grupos dentro de una iglesia con enfoque en el reino. La adoración comunitaria, los grupos abiertos y los grupos cerrados esperan que sus líderes provengan de los equipos de ministerio.

A esta altura no creo que le sorprenda saber que no hay una estructura fija para un grupo de ministerio exitoso. Son tan variados como las iglesias mismas y las comunidades a las que sirven. Sus miembros podrían incluir planificadores de eventos eclesiásticos, síndicos, presidentes de juntas, ujieres, diáconos, administradores de fondos de benevolencia, grupos de maestros, administradores de ministerios radiales, directores de actividades y muchos más.

Estos equipos preparan a cada miembro según el don que tenga para llevar a cabo la Gran Comisión. Pablo escribió:

> Pues no me envió Cristo a bautizar, sino a predicar el evangelio; no con sabiduría de palabras, para que no se haga vana la cruz de Cristo (1 Cor. 1:17).
>
> ¿Qué, pues, es Pablo, y qué es Apolos? Servidores por medio de los cuales habéis creído; y eso según lo que a cada uno concedió el Señor. Yo planté, Apolos regó; pero el crecimiento lo ha dado Dios. Así que ni el que planta es algo, ni el que riega, sino Dios, que da el crecimiento. Y el que planta y el que riega son una misma cosa; aunque cada uno recibirá su recompensa conforme a su labor. Porque nosotros somos colaboradores de Dios, y vosotros sois labranza de Dios, edificio de Dios (1 Cor. 3:5–9).

Principios para los equipos de ministerio

Sin importar el aspecto ni las funciones, todo equipo de ministerio que da buenos resultados se basa en principios comunes clave. El estilo puede ser diferente, pero en esencia el mecanismo de transmisión es siempre el mismo.

1. Filtro

Cada acción debe pasar por el filtro de la Gran Comisión, las cinco funciones y los resultados del reino. Este filtro asegurará que todos sepan el rumbo y la intención de cada miembro del equipo. La declaración de la misión para cada equipo de ministerio los guiará para que se mantengan centrados en la misión global.

2. Enfoque interior/exterior

Las iglesias necesitan un equilibrio entre los equipos que sirven fuera y dentro de la iglesia. Muchas iglesias tienen una gran cantidad de actividades internas que las pueden llevar a centrarse en sí mismas. Esto priva a la iglesia de ver las necesidades a su alrededor. Algunas iglesias se concentran tanto en la misión y en los ministerios fuera de la iglesia, que el liderazgo se vuelve débil e ineficaz a largo plazo. La clave es un sano equilibrio entre los equipos de ministerio que desarrollan tareas externas e internas.

3. Participación universal

Todos los creyentes tienen dones para realizar alguna tarea en el ministerio de la iglesia. Hay que ayudarlos a que descubran el lugar de servicio en la iglesia para beneficio de esta y del reino. Dios le da a cada persona dones, talentos, aptitudes naturales e intereses para la gloria de Dios. Hacer que cada individuo participe permite a las iglesias edificar el cuerpo de Cristo y alcanzar a un mundo que se pierde.

4. Integración

Todas las actividades de los grupos abiertos, los grupos cerrados y la adoración colectiva reciben la guía y el impacto de los equipos de ministerio. Es imprescindible tener un sistema de enseñanza y capacitación para preparar a los líderes nuevos para todos los grupos de la iglesia. Los equipos de ministerio con una buena planificación le darán el sostén a cada área del ministerio al mismo tiempo que hallan y capacitan al nuevo liderazgo.

5. Comisión

Cada equipo de ministerio funciona bajo la autoridad de la iglesia. Algunas iglesias tienen un plan formal para ayudar a que los equipos de ministerio sean eficaces. Algunas iglesias no han pensado en un plan integral para toda la iglesia. Cada iglesia debería comenzar a buscar la manera de lograr que los miembros vivan según el llamado de Dios para su vida.

Todos debemos comprometernos con el ministerio en el poder y la autoridad de Cristo. No podemos perder nuestro precioso tiempo, energía y recursos en esquemas que son contrarios al plan de Dios. El plan divino es un plan básico: Se nos ha ordenado ir a evangelizar el mundo con la autoridad de Cristo, bautizar a los creyentes y discipularlos a semejanza de Cristo. No será prioridad ninguna cosa que escojamos hacer en el ministerio si no lleva a la transformación de las personas por la gracia de Dios y a equiparlas para ministrar con los dones espirituales. En realidad, las iglesias y los creyentes que ponen en práctica los principios del reino son los únicos que descubren los ministerios que Dios quiere.

¿Dónde irá su iglesia para conseguir todos estos líderes que serán sus timoneles en el rumbo del reino? *Cada* individuo no creyente es un convertido potencial para ser ganado y bautizado, y cada uno de ellos es un *potencial ministro de Dios*. El Señor busca salvar a los perdidos y los inspira para que sean sus ministros de reconciliación. Esta es la meta principal de cada creyente y de toda iglesia local. Cualquier otra cosa es una desviación del evangelio y de la Gran Comisión. No se deje tentar a sacrificar las cosas mejores por las cosas buenas.

¿De qué manera podemos cambiar nuestra vida y la cultura de nuestras iglesias para ajustarnos a la voluntad de Dios y trabajar como agentes de su misión para redimir el mundo? Lo haremos al mantener un enfoque en el reino.

Capítulo 14

Modelos con enfoque en el reino

Aunque las iglesias con éxito tengan el enfoque en el reino, hay muchísima diferencia entre una y otra en la manera de adorar, el tamaño de la congregación, el ministerio musical y muchas otras variables que constituyen "la personalidad" de la congregación. Al describir las características de una iglesia impulsora de la Gran Comisión, no me propongo limitar lo que deba hacer su iglesia. En tanto una iglesia mantenga por sobre todo el enfoque en el reino y se concentre en transformar a los incrédulos en creyentes y a estos en multiplicadores del reino, puede y debe hacer todo lo posible para servir a la congregación y a la comunidad en el nombre de Cristo.

En años recientes se ha prestado atención a varios tipos de iglesia por su increíble crecimiento. Se han realizado grandes conferencias y se han publicado best-sellers para difundir con eficacia el milagroso desarrollo de dichas iglesias. El punto de encuentro de esos modelos de iglesia populares y la iglesia con enfoque en el reino es *crucial.*

Al respecto deben entenderse dos cuestiones básicas. En primer lugar, cuando uno mira detrás de los diagramas de operación y las listas de comprobación, todos esos modelos se edifican alrededor de los mismos componentes de un enfoque en el reino que ya hemos considerado en los últimos capítulos. Tal vez no siempre los conozcan con el mismo nombre ni dividan el procedimiento en las mismas etapas, pero el enfoque está presente.

En segundo lugar, con excepción del enfoque en el reino, el éxito de esos modelos depende de variables que su iglesia podría tener o no. Ciertas estrategias de crecimiento favorecen a las congregaciones grandes; mientras unas dependen de determinado estilo de culto, otras no se podrán transferir con facilidad de una cultura regional a otra. En tanto que el aspecto del enfoque en el reino de dichos modelos es eterno y de aplicación universal, los procedimientos no lo son.

En otras palabras: tenga cuidado con lo que copia. Y nunca se desvíe de la meta fundamental de su iglesia.

Desde el punto de vista histórico, el crecimiento de la iglesia en los Estados Unidos ha sido proporcional al crecimiento de la población. Cuanto más creció la población, más aumentó la asistencia y la membresía de la iglesia. Los programas tradicionales, tales como la escuela dominical, fueron de mayor éxito cuando las iglesias conservaron una teología ortodoxa y cuando los laicos mantuvieron una relación estrecha y de respeto mutuo con los líderes.

Si citamos un caso en los Estados Unidos, al menos para los bautistas del sur la depresión de la década de 1930 significó una marca histórica en el crecimiento de la iglesia. En los antecedentes de la denominación, es la única década en que se registraron cuatro millones de bautismos. La evangelización por la escuela dominical, la escuela bíblica de vacaciones, la unión de capacitación y demás programas proporcionaron esperanza a una generación devastada por el peor colapso financiero en la historia de ese país.

Durante el curso de su desarrollo, dichos programas experimentaron ciclos vitales similares. Comenzaron como ideas o tendencias culturales, se transformaron en movimientos paraeclesiásticos y, con el tiempo, se asimilaron en la iglesia. Cuando los líderes tenían una visión y sentían la responsabilidad por un programa, este florecía. Cuando había conflictos, o cuando se velaba el enfoque o la ideología, el programa se estancaba o decaía. A veces este proceso era bastante rápido, aunque con más frecuencia ocurría con lentitud, durante el curso de muchos años.

Por ejemplo, la escuela dominical había sido característica de las comunidades evangélicas de los EE.UU. durante más de 60 años antes de que fuera adoptada en forma oficial por la Convención Bautista del Sur en 1891. Nueve años después, casi la mitad de las congregaciones de esa convención habían establecido la escuela dominical. Tras un rápido crecimiento durante la primera mitad del siglo XX, el crecimiento de la escuela dominical ha pasado a estar en "compás de espera" durante una generación.

Ha sido difícil identificar mediante estudios los factores específicos que determinan si un programa tradicional ha de tener éxito. Una razón esencial es que los miembros de la iglesia que más se esfuerzan por mantener en marcha dichos programas están tan absorbidos por la tarea inmediata que no pueden detenerse a pensar en la meta o el enfoque de lo que hacen. Están ocupados en la preparación de una lección, de una comida social o en la decoración de un tablero de anuncios porque se supone que eso es lo que deben hacer. En realidad, no han pensado mucho en el objetivo.

Para que los programas tradicionales valgan la pena en cuanto al tiempo y al esfuerzo que insumen, necesitan un enfoque en el reino y todos los que participan deben comprender lo que eso significa. En una encuesta realizada por la organización cristiana para la que trabajo, LifeWay Christian Resources, el 85% de las iglesias afirmó que la mejor manera de medir el éxito en el ministerio de discipulado es el cambio en la vida de las personas. Sin embargo, los líderes de las iglesias indican que el 52% de los adultos que participan en los ministerios de discipulado de la iglesia experimentan un cambio escaso o nulo en su vida y su madurez cristiana, y que solo el 21% experimenta un cambio considerable.

Para darle un nuevo impulso a esos programas tradicionales deficientes, como así también a las congregaciones, aparecieron ciertos tipos innovadores de iglesias en los últimos 30 años. Observemos algunos de los más conocidos a la luz del enfoque en el reino, y veamos lo que pueden enseñarnos.

Un tipo de iglesia al que se presta mucha atención ha sido el de la iglesia "sensible a los interesados en el evangelio". Su teoría es que las personas no asisten a la iglesia porque allí no se sienten a gusto. Los cultos y los programas tradicionales les resultan extraños y excluyentes. En consecuencia, estas iglesias destacan los aspectos sociales de la asistencia, la música pop que la gente disfruta, y los mensajes alentadores y prácticos.

Sin dudas, una de las más conocidas entre ese tipo de iglesias es la de Saddleback Community de California. Desde que se fundó en 1979 con dos familias, Saddleback ha llegado a tener 4500 miembros, con una asistencia semanal de más de 15.000. Es evidente que están haciendo algo bien. Y lo esencial de lo que hacen es edificar una iglesia con enfoque en el reino.

Es fácil considerar a esa iglesia como una iglesia sensible a los interesados en el evangelio. Además, una rápida lectura del sensacional libro del pastor Rick Warren sobre dicha iglesia, *Una iglesia con propósito*, reforzará la suposición. Sin embargo, hay algo importante que debe notarse. Los fundamentos del enfoque en el reino están en el corazón mismo de "los cinco círculos de compromiso", "las doce certezas sobre la adoración" y demás procedimientos del programa de Saddleback.

El proceso de desarrollo de ellos en cuanto a compromiso con "los miembros, la madurez, el ministerio y las misiones" sigue la misma trayectoria que identificamos en la transformación de incrédulo a creyente y a multiplicador del reino. Al afirmar que "el propósito de un culto orientado a interesados en el evangelio es complementar la evangelización personal, no reemplazarla", ellos expresan el reconocimiento de la suprema importancia de evangelizar. Dicho reconocimiento está respaldado por la meta expresa de la iglesia de Saddleback de glorificar a Dios "mediante la presentación a Jesucristo de tantos discípulos semejantes a Él como nos sea posible hasta su venida". Eso armoniza con el pasaje de Colosenses 1:28: "A quien anunciamos [a Cristo], amonestando a todo hombre, y enseñando a todo hombre en toda sabiduría, a fin de presentar perfecto en Cristo Jesús a todo hombre".

Las características de una excepcional iglesia sensible a los interesados en el evangelio podrían o no transplantarse a la congregación que usted lidera. Sería un error procurar que su iglesia se desarrolle para convertirse en un duplicado de la iglesia de Saddleback. (Dicho sea de paso, Rick Warren será el primero en advertírselo.) ¿En qué difiere la cultura local de su iglesia respecto de la del sur de California? ¿Y qué me dice de la situación económica del vecindario o de las tradiciones de la congregación? ¿Cómo es la consagración de los líderes laicos? ¿Y qué de la importancia de las estructuras edilicias o de un programa de construcción (lo cual es relativamente insignificante para Saddleback)? Todos estos detalles, que son marginales o secundarios para el enfoque en el reino, están sujetos a cambio. Hay que considerarlos y ajustarlos según las necesidades específicas de las personas a quienes Dios le ha encomendado ministrar.

Un distanciamiento aún más espectacular de los modelos tradicionales es el de la iglesia "dedicada a los interesados en el evangelio". Las iglesias como la de Willow Creek, radicada en los suburbios de Chicago, han desarrollado ministerios dinámicos e influyentes, orientados específicamente a personas no creyentes. Además, como sucede con las iglesias sensibles a los interesados en el evangelio, las características básicas (que son las que pueden ser imitadas por una amplia gama de congregaciones) están relacionadas con el enfoque en el reino.

La iglesia de Willow Creek, líder entre las iglesias dedicadas a los interesados en el evangelio, ha desarrollado una lista de "cinco características" que se consideran necesarias en los seguidores de Cristo, "diez valores básicos" y una "estrategia de siete pasos para alcanzar a los perdidos". Sin embargo, la meta por excelencia, como se explica en la revista mensual de la iglesia, es "extender el reino de Dios en medio de nosotros, además de ocuparnos en extender el reino divino en todo el mundo, en obediencia a la Gran Comisión". Es un enfoque en el reino.

Desde 1975, la iglesia de Willow Creek pasó de 125 asistentes por semana a más de 17.000. Más de la mitad de estos son personas en búsqueda espiritual. Hay más de 5600 iglesias que han adoptado los principios y las prácticas de Willow Creek. En sus materiales evangelísticos y de capacitación, la iglesia de Willow Creek explica en detalle que no afirma que los procedimientos y las filosofías que emplean sean los mejores, sino que "no son más ni menos que un criterio pragmático que funciona". Señalan con gran atino que tal vez los detalles no sean apropiados para otra iglesia. No se puede fotocopiar el programa de la iglesia de Willow Creek y ponerlo en marcha en otra iglesia el lunes a la mañana, a menos que también estén alineadas todas las variables. Lo que uno sí puede hacer es aprender cómo, en base a un enfoque en el reino, han edificado un ministerio exitoso e increíblemente poderoso con sus líderes, en medio de esa comunidad, con el uso de los dones y los talentos que tenían a mano en ese momento.

Un tercer tipo que podemos distinguir es la "iglesia celular", que consiste en muchas células pequeñas de cinco a quince personas bajo el liderazgo de un pastor. Las células se reúnen en encuentros congregacionales a intervalos regulares, pero se hace énfasis en las células individuales. Se trata de una iglesia *de* grupos pequeños, en lugar de una iglesia *con* grupos pequeños. Las iglesias celulares practican la compasión por los perdidos y los que no se congregan, tienen como enfoque la multiplicación de las células y las nuevas iglesias, y desean estar listas para ministrar en toda oportunidad como impulsoras de la Gran Comisión.

Cristo diseñó a su iglesia para que floreciera en la forma de vida más básica. Eso es tan cierto para nosotros hoy en día como lo fue para los cristianos del primer siglo. El componente más básico y flexible de la vida es la célula, y también es el componente más básico y vital de la iglesia. El Dr. Ralph Neighbour señala que "las iglesias celulares están para cumplir la Gran Comisión de hacer discípulos en todas las naciones".

Cuando Bob Russell comenzó su pastorado en una iglesia de Louisville, Kentucky, esta era una congregación pequeña y tradicional. Russell basó el ministerio en la predicación de la Palabra de Dios y en crear una comunidad de personas para alcanzar a otras. Como resultado, los miembros constituyeron grupos celulares para estudiar la Palabra y animar a los demás, y así, en no mucho tiempo, había entre 4000 y 5000 personas reuniéndose en células cada semana. ¡Los fines de semana, la cantidad total que se congrega para adorar es de casi 20.000!

Aunque las iglesias celulares están entre las más grandes del mundo, Neighbour advierte sobre el peligro de apuntar a la meta equivocada: "Siempre fracasarán todas las células constituidas para hacer crecer a una iglesia. El crecimiento nunca es la meta, sino la consecuencia natural de hacer algo en la forma correcta".

Según las necesidades de los participantes, en las células se podría dar énfasis a los testimonios, al estudio bíblico, a la oración o la combinación de otros programas. Allí se hace lo necesario para conducir a ese cuerpo de creyentes e interesados en el evangelio al servicio de Cristo.

Sea cual fuere el método, el resultado es el mismo: la evangelización. Los líderes de grupos celulares no necesitan ser maestros, pero siempre son personas compasivas que pueden cuidar a otras. El éxito de ellos depende de la capacidad que tienen para transferir al resto de la célula su propio compromiso con la evangelización. Somos llamados a servir, y una de las mejores maneras en que un creyente de poca experiencia puede encaminarse en la escalera hacia el liderazgo es encargarse de otro miembro de la célula, darle ánimo e infundirle valores para pasar luego a otros. Es la versión celular de formar a los multiplicadores del reino.

Es un enfoque en el reino.

Cuando los miembros de la célula adquieren la capacidad de ser líderes de una, cuentan con la capacidad de demostrar ciertas características de entusiasmo, consagración y espiritualidad. En las células también hay líderes aprendices que, con el tiempo, organizarán su propio grupo celular.

También aquí los detalles específicos podrían ser diferentes de lo que usted está acostumbrado, pero las iglesias celulares son una herramienta valiosa para el reino. Algunas de las congregaciones más grandes del mundo son las iglesias celulares de Corea, así como la congregación metodista y las dos iglesias presbiterianas más grandes del mundo.

Una iglesia de Baton Rouge, Louisiana, ha establecido grupos celulares en toda la ciudad. El pastor Larry Stockstill explica que la versión celular de los multiplicadores del reino genera el liderazgo para células nuevas. Utilizan la estrategia FAITH [POR FE] para desarrollar la iglesia celular, y lo hacen con éxito. Me consta porque tengo a una espía que me informa. Mi tía es miembro de esa iglesia.

Dios ha usado con poder a las iglesias celulares. Es un tipo de iglesia que ha tenido buenos resultados bajo ciertas circunstancias: muchos líderes laicos, alta densidad de población y pastores que no se inclinan a construir un imperio personal. Si las variables son correctas, y si el enfoque en el reino es la primera prioridad, podría ser un buen tipo de iglesia para que aplique en la suya.

Espero haber sido claro.

En 1982 Bobby Welch, pastor de una iglesia de Daytona Beach, Florida, y Doug Williams, el ministro de evangelización, decidieron concentrar la energía y los recursos de su congregación en la capacitación evangelística. Tres años después combinaron el ministerio evangelístico con la escuela dominical. Eso produjo un potente esfuerzo misionero donde se aplicaba la conocida estructura de la escuela dominical para difundir el evangelio con nuevos niveles de consagración, capacitación y tenacidad.

Era el motor de la escuela dominical con dispositivos de postcombustión, y dio resultados. La conocida y comprobada escuela dominical llegó a constituirse en una plataforma de lanzamiento para un ministerio evangelístico significativo y sumamente atractivo. El reino ganó a nuevos creyentes y esa iglesia de Daytona Beach creció de manera espectacular, tanto en tamaño como en influencia. Eso sucedió a medida que los miembros evangelizaban y luego capacitaban a los creyentes nuevos para que también fueran evangelistas.

Varios años después, esa estrategia de combinar la evangelización con la escuela dominical se conoció con la sigla POR FE para capacitar a los creyentes en el proceso de cultivar y fortalecer su fe. Entonces se puso a disposición de otras iglesias.[1] Desde entonces, miles de miembros de iglesias han sido equipados con la estrategia POR FE para renovar y dar ánimo a pastores y congregaciones en todo el país, establecer un enfoque en el reino y aumentar la asistencia a la escuela dominical, la cantidad de miembros de las iglesias y los bautismos.

La estrategia POR FE interactúa con todas las etapas de la evangelización (adoración, grupos abiertos, grupos cerrados y equipos de ministerio) pero la escuela dominical es el núcleo.

Con el sistema POR FE se impartió a muchas otras iglesias un nuevo enfoque en el reino y la posibilidad de tener éxito. En una congregación, el promedio de asistencia a la escuela dominical se impulsó de 90 a 150, con un récord máximo de 200. El pastor de esa iglesia se refiere a POR FE como un "ministerio de equipamiento". Y agrega: "Es algo que podemos usar con regularidad y afirmar que es nuestro. Como resultado hemos crecido. Dios ha aumentado nuestra congregación a paso firme. Los miembros tienen el potencial de hacer más de lo que jamás imaginaron posible". El cuerpo de la iglesia es más diverso que nunca antes, pero "no hay conflicto entre los miembros más veteranos y los adultos más jóvenes que son más nuevos. En su lugar, existe un espíritu cálido en que los pilares más viejos se entusiasman al ver que los miembros más jóvenes continúan con la obra que ellos comenzaron".

La mejor manera de describir el crecimiento meteórico de la Iglesia Fellowship es reconocer que "es algo de Dios". Así describen el pastor Ed Young y el resto del cuerpo pastoral lo que sucede a miles de personas en toda el área metropolitana de Dallas-Fort Worth, Texas.

La Iglesia Fellowship comenzó como una misión de una iglesia ya existente en Irving, Texas. Un grupo comprometido de familias decidió fundar una iglesia en la parte norte de la ciudad. Ed Young fue el primer pastor de la iglesia en febrero de 1990. Él centró la misión de la congregación en ministrar a quienes no se congregaban en ninguna iglesia.

Durante el primer año, la iglesia se mudó de una oficina al auditorio "Irving Arts Center" con una capacidad para 750 personas. Allí, la asistencia de la iglesia creció de algunos cientos a más de 3000 personas. En 1994, la iglesia comenzó a buscar un lugar para construir un edificio permanente y se radicó en Grapevine, a casi 5 kilómetros [unas 3 millas] al norte del aeropuerto de Dallas-Forth Worth.

En octubre de 1996, la iglesia se mudó a la Escuela Secundaria MacArthur. Durante los 18 meses siguientes, la asistencia de cada fin de semana creció a 5000 personas. El 5 de abril de 1998, la iglesia se mudó a su actual edificio de 11.600 metros cuadrados [125.000 pies cuadrados] donde se congregaron más de 7000 personas en el primer fin de semana.

En la actualidad, cada fin de semana se congregan más de 16.000 personas. El ministerio de equipos en los hogares de dicha iglesia ha diseñado una red de grupos pequeños dentro del contexto de la comunidad que permite el desarrollo de relaciones auténticas y duraderas en la congregación. El programa educativo ofrece una amplia variedad de clases adecuadas a cada edad con enseñanza práctica y aplicación para la vida a fin de ayudar a los miembros a aprender del ilimitado poder de Dios y a experimentarlo en sus vidas en plenitud.

La declaración de propósitos de la iglesia se equilibra entre las tres ordenanzas bíblicas para la iglesia local. La iglesia existe para "extenderse hacia arriba, hacia afuera y hacia adentro". Todo programa, solicitud de presupuesto e idea se filtra por la declaración de propósitos.

Extenderse "hacia arriba" significa adorar a Dios. La única manera en que los creyentes pueden expresar un genuino amor a Dios y adorarlo es mediante una relación personal con Jesucristo. En esta iglesia se conoce a esa persona como "seguidor de Cristo".

Otro propósito esencial de esta iglesia es extenderse "hacia afuera", a las personas que no se congregan en una iglesia local. Así los miembros invitan a los amigos, los familiares, los vecinos y los compañeros de trabajo a concurrir con ellos para oír y comprender lo que significa ser un seguidor de Jesucristo.

La iglesia se extiende "hacia adentro" para ayudar a los creyentes a crecer en su madurez espiritual y alcanzar un desarrollo pleno como seguidores de Cristo. Debido a que la vida cristiana se caracteriza por el crecimiento y el desarrollo permanente, dicha iglesia se ocupa de proporcionar principios bíblicos que puedan aplicarse a la vida diaria.

Nunca subestime el poder de un enfoque en el reino.

Capítulo 15

CÓMO ENFOCAR LO QUE ESTÁ FUERA DE FOCO

HEMOS SEGUIDO AL JOVEN PASTOR ERNESTO en una travesía de descubrimientos y eficacia ministerial. El pastor ha aprendido que si se formulan las preguntas correctas, se obtienen las respuestas correctas y eso, a la vez, conduce a las aplicaciones correctas. Ha dado ciertos pasos para aplicar lo aprendido y le irá bien.

El pastor Ernesto es un personaje ficticio, no existe. Usted y yo existimos. Lo más importante de nuestra vida como líderes será lo que hagamos en respuesta al llamado de Dios y a lo que Él nos encargue hacer en el servicio a la iglesia de Cristo.

Según sea nuestro liderazgo y los logros obtenidos será la incidencia en la vida o la muerte espiritual de millones de personas en este mundo. Nuestra determinación para guiar a las iglesias al discipulado, procurar la madurez de dichos discípulos y encomendarlos a los ministerios del reino es el punto focal de nuestra vida porque también es el punto focal del reino de Dios. Para nosotros nada es más importante que responder de manera correcta al llamado y al plan de acción de Dios.

Usted y yo podremos mantenernos ocupados en un millón de cosas que son parte del ministerio. Sin embargo, si nunca logramos el enfoque en el reino, si nunca hacemos discípulos y propiciamos su madurez y si nunca multiplicamos nuestros ministerios en la vida de nuestros discípulos, el resultado será el fracaso. Es tiempo de bajarnos ya del carrusel del ministerio y emprender el camino multiplicador del reino de Dios. Es tiempo de dejar de ocuparnos de lo que no es importante y ocuparnos de lo que sí lo es. Es tiempo de asumir un riesgo, hacer los cambios necesarios y seguir adelante hacia el cumplimiento de nuestro llamado y nuestro ministerio.

Si todas nuestras iglesias fueran fuertes y saludables, no tendríamos que preocuparnos tanto por hacer cambios y dar pasos drásticos. Si las iglesias fueran sanas y crecieran, usted no estaría leyendo este libro, ¡ni tampoco yo lo habría escrito! Lo desafío entonces a examinar su vida y su ministerio para comprobar si usted es un apasionado del reino de Dios y de la Gran Comisión. Le ruego considerar con franqueza lo que usted percibe de los miembros de su congregación y de la iglesia en general, para ver si se ha multiplicado en la vida de ellos y los ha enviado a ministrar. Acompáñelos. Guíelos hacia un enfoque en el reino. Algunos de sus discípulos ya están listos para seguir el liderazgo de su parte hacia un enfoque en el reino, y anhelan acompañarlo en la obra.

Entonces, ¿a dónde se encaminará usted de ahora en adelante? Quisiera poder compartir con usted algunas horas y conversar sobre todos los principios enunciados en este libro. Me gustaría oír sus preguntas y formular algunas otras por mi parte. El tiempo que he compartido con pastores nunca me resultó malgastado ni aburrido. Usted vive en un punto de encuentro de la vida que pocos líderes conocerán y menos aún pueden siquiera ver. Usted vive donde la vida deviene y donde las personas son transformadas por el poder de Dios. Usted vive en un remolino donde se suceden desilusiones, pecado, salvación, alegría, dolor, poder, adoración y transformación. ¡Y eso no es más que un día común y corriente! Si no fuéramos llamados por un Dios soberano a hacer lo que hacemos, nuestros problemas no tardarían en consumirnos y dejarnos en la ruina.

¿Acaso no se alegra usted de que, en definitiva, Dios sea responsable de lo que pueda suceder? Dios es suficientemente grandioso para saberlo todo, suficientemente poderoso para coordinarlo todo y suficientemente compasivo para ayudarnos a superar cada día. Es posible que hoy usted sienta la presión y el agotamiento que implican servirlo, pero mañana experimentará la alegría de ver que Él obra por su intermedio en el cumplimiento de sus propósitos divinos. Siento un deseo genuino de que pudiéramos compartir algún tiempo para conversar un poco más sobre esto.

Si este libro ha de dejarle algún beneficio duradero, espero que eso incluya al menos un aspecto renovado del reino de Dios. Créame que comprender el reino es lo que producirá resultados en su futuro liderazgo y eficacia. Cuanto más sepa usted del reino, en mejores condiciones estará de comprender lo que sucede en el mundo en que vivimos y lo que Dios hace aquí. El reino de Dios es la realidad crucial de conocer a Dios y experimentar nuestra comunión con Él en plenitud. Someta todo lo que usted hace a la prueba de cuánto ayuda a su iglesia a cumplir la Gran Comisión. Si lo hace, ocúpese de eso; si no lo hace, encuentre una manera de librarse de eso. Sé que es más fácil decirlo que hacerlo. Siempre es más fácil agregarle algo que quitarle algo a una iglesia, pero desde luego, eso es parte del problema, ¿verdad? Seguimos agregando más y más sin eliminar nada. Dedique el tiempo necesario pero ocúpese en reducir todo lo que perjudique la obra del reino. Quisiera ofrecerle algunas sugerencias que lo ayudarán a dirigir con éxito su iglesia.

Desempéñese como el líder que usted es. Tal vez le suene demasiado trillado, pero si lo piensa un momento tendrá sentido. No intente ser otra persona ni hacer lo que otros hacen. Lamento que tantas publicaciones sobre liderazgo sugieran que casi todos los líderes tienen dificultades porque hay algo que anda mal. Tal vez no lo expresen de forma tan directa, pero en realidad esas publicaciones no toman en cuenta el potencial de lo que usted ya es, pues prometen gran éxito mediante una "transformación de su liderazgo". Dios lo creó así, como es, con el plan y la intención de usarlo en sus propósitos divinos.

Nunca deje de aprender y de ser transformado por Cristo. Sin embargo, esto no significa de manera alguna que usted deba convertirse en otra persona para ser un líder apropiado. Antes de crear el mundo, Dios decidió crearlo a usted e invitarlo a vivir una relación dinámica con Él. Para todas las decisiones pecaminosas que usted tome, Dios proveyó una solución y un recurso, incluso su salvación en Cristo. El Señor decidió llamarlo a su servicio para obrar por su intermedio a fin de cumplir una parte del plan del reino de Dios. Le dio el regalo de la vida y dones para vivir y servir. Usted está equipado y puede crecer en el ministerio que Él tiene preparado. Usted es el instrumento de Dios y no debe preocuparse por lo que otros hagan en la obra de Él. Ocúpese de todo lo que el Señor le encomiende y hágalo con excelencia.

Usted ya tiene gran parte de lo que necesita para liderar a otros. ¿Recuerda cómo ayudaba a sus hijos a atarse los zapatos? Aprendieron porque usted tenía la capacidad de enseñarles, y porque ellos tuvieron la intuición para aprender. Todo lo que usted necesite enseñarle a sus discípulos y todo lo que ellos necesiten aprender para el ministerio ya está donde debe estar. Para usted, la capacidad innata de enseñar, comunicar y conducir ya está donde debe estar. Para ellos, la intuición con respecto al reino, la iglesia y las cosas espirituales ya está donde debe estar. El Espíritu Santo lo facultará a usted para guiarlos y capacitarlos a fin de que comprendan lo necesario.

No dejaré de lado la dificultad que el cambio implica para los miembros de su congregación. No obstante, en ningún momento aceptaré la idea de que las personas no puedan ni vayan a cambiar sencillamente porque no lo hayan hecho antes. Guíe a sus discípulos a su manera, ¡pero guíelos!

Comprenda de manera acabada lo que es establecer una iglesia con enfoque en el reino. Este libro es un comienzo y hay otras publicaciones que pueden ayudarlo, pero este proceso tiene que pertenecerle a usted como líder. Debe estar dispuesto a estudiar la Biblia y a orar con respecto a estas cuestiones importantes. Debe comprender la naturaleza del reino de Dios y la naturaleza de la iglesia. Ninguna de estas cosas es negociable, y deben aceptarse, comprenderse y aplicarse, pues de otra manera usted nunca cumplirá su ministerio de manera satisfactoria.

Pensemos en las cinco funciones de la iglesia y en los cuatro resultados. Volvamos a examinar en detalle las implicancias de la Gran Comisión para usted y su iglesia. Considere con franqueza si su iglesia discipula, procura la madurez de los creyentes y multiplica los ministerios. Jamás evalúe la eficacia de su ministerio por las actividades que realice. Considere los resultados, pero los apropiados. Observe la cantidad de personas que su iglesia conduce a Cristo. Estime la cantidad de creyentes que manifiestan una transformación espiritual. Recuerde que la transformación espiritual es la *obra de Dios* por la cual un creyente cambia a la semejanza de Cristo, adquiere una nueva identidad en Él y establece una relación de amor, fe y obediencia para toda la vida. ¿Cuántos de sus discípulos lo experimentan en verdad? Además, tome nota de la cantidad de personas en las cuales usted pueda multiplicarse y encomendarlas a diversos ministerios. Si usted todavía hace el trabajo de ellas, no las está liderando de manera satisfactoria.

Le sugiero usar el procedimiento modelo para evaluar su ministerio y el de su iglesia. Donde vea que le va bien, agradezca a Dios por eso y compártalo con los miembros de su congregación. Donde no le vaya bien, comience a abordar los problemas con franqueza y póngase en marcha para superarlos. Determine el enfoque que encarará y ayude a su iglesia a concentrarse en alinear lo que hace con lo que la Biblia dice que es correcto para una iglesia local.

Nunca le tema a los métodos, ni los viejos ni los nuevos. Utilice lo que tenga a mano y funcione, y procure obtener lo demás que necesite. No tema experimentar con nada nuevo ni tema aplicar métodos antiguos que funcionen. Los métodos son herramientas y, con frecuencia, los métodos viejos funcionan tan bien como los nuevos, o aun mejor. Póngalos al servicio de sus propósitos en tanto sean útiles. Casi todo lo que hay bajo el sol ha sido imaginado, ensayado y demostrado, así que no tema obtener la ayuda necesaria. Solo recuerde que las cosas viejas no siempre son malas.

Convoque en su iglesia a un grupo para conversar sobre estas cuestiones. Estudien la Biblia juntos y oren. Permanezcan delante del Señor hasta que Él les revele de forma convincente cómo enfocar lo que está fuera de foco. No comience con un grupo formal. Pídale a alguien que ofrezca su casa, lleve un pastel, prepare café o sirva algún refresco. No domine las conversaciones, aunque le parezca que usted sabe más que todos los demás. Dedíqueles tiempo y permítales descubrir el camino hacia los cambios que usted piensa serían de utilidad. Deje que el Señor guíe a cada uno hacia la idea del futuro que sea mejor y esté a su alcance y que les permita enfocar lo que está fuera de foco. Tenga paciencia y acompáñelos. No se preocupe si no obtiene resultados inmediatos.

Si guía bien a sus discípulos, puedo asegurarle que sucederán cosas positivas. El destino de ustedes como iglesia es importante. Cómo llegar a ese destino y cuánto tardarán en hacerlo también es importante, pero no tanto. He dedicado mucho tiempo a estas páginas para describir cómo trabajan las iglesias impulsoras de la Gran Comisión, pero esas ideas no son mi receta para que su iglesia tenga éxito. Las prácticas que he visto y experimentado durante los 30 últimos años como líder de iglesias dieron resultado por producir iglesias que tienen el enfoque en el reino y personas que también tienen ese mismo enfoque. Dieron resultado porque son bíblicas.

Quisiera poder afirmar que en todos los casos cada persona de quien fui pastor obtuvo resultados satisfactorios conmigo. No puedo afirmarlo ni tampoco todos obtuvieron dichos resultados… pero muchos sí. Sé que para una iglesia con enfoque en el reino la Gran Comisión será la fuerza impulsora en todo lo que haga. Sé que ese tipo de iglesia se basa en la evangelización, el discipulado, la comunión, el ministerio y la adoración. ¡Toda iglesia que no cumpla esas funciones siempre será disfuncional! Con plena certeza puedo asegurarle que esas funciones producirán crecimiento numérico y transformación espiritual. También producirán la expansión de los ministerios de la iglesia y el avance del reino a través de las misiones.

Es posible que, mientras edifica una iglesia con enfoque en el reino, encuentre nuevas visiones y métodos que funcionen mejor. Si así sucede, me parece excelente. Significa que el mensaje básico de este libro es acertado y que usted habrá descubierto un liderazgo eficaz, creativo y único en su tipo. Y debido a que sus ideas le pertenecen, le tocará a usted escribir el próximo libro sobre cómo ocuparse de la iglesia. Mi oración es que eso le suceda. El cuerpo de Cristo necesita ayuda y siempre estamos listos para aplicar lo último en cuanto a percepción y recursos.

Tal vez considere la posibilidad de buscar atajos para edificar una iglesia con enfoque en el reino. Es una tentación común. Y si encuentra alguno, escríbame, porque todavía los sigo buscando. Pastorear una iglesia es similar a la agricultura: es un negocio lento y premeditado. Es tan impredecible como el tiempo atmosférico, y exige paciencia y esfuerzo. Los agricultores que tienen éxito no se dan por vencidos después de un año de sequía o de inundación, pues se trata de un proceso de muchos años, que requiere un compromiso de por vida para triunfar.

Pastorear tiene mucho en común con la agricultura. No se puede apresurar a las personas, así como tampoco se puede controlar su pensamiento ni su conducta. Hay que enseñarles y guiarlas con paciencia. Hay que comprometerse con la vida de ellas por largo tiempo. No se puede dar por vencido cuando las cosas van mal ni esperar que lo bueno dure para siempre. Tiene que equilibrar su trabajo y mantener bajo control los vaivenes emocionales. Usted debe guiar, pero solo podrá hacerlo si sabe a dónde va y cómo llegar.

Algunas iglesias crecen en número con más rapidez que otras. En algunas, los creyentes experimentan transformación espiritual antes de obtener otros resultados. El crecimiento se experimenta a medida que el Señor reina en la vida de cada creyente y de toda la congregación. En realidad el crecimiento comienza con una correcta relación con Dios. Todos los métodos para aplicar estos principios se basan en una relación personal con Él.

El Señor habla con sus hijos de muchas maneras. De Él obtenemos instrucciones sobre lo que hace y lo que desea que se haga en nuestras comunidades e iglesias a fin de alcanzar a las personas para Cristo. Nos habla por medio del Espíritu Santo, de la oración, de la Palabra, de otras personas y de nuestras circunstancias para revelarnos lo que Él hace. La obra de la iglesia y el crecimiento de la iglesia son obra de Dios, de modo que solo podemos tener buenos resultados cuando estamos en buena relación con Él. Jesús dijo que su tarea era acabar la obra de quien lo había enviado (Juan 4:34). Si Cristo comprendió que su obra pertenecía al Padre, nosotros no podemos hacer menos. Debemos buscar la presencia del Padre y procurar hacer su divina voluntad.

Sé que este momento debe de ser difícil para usted. Quizás esté bajo presión y sienta que nadie nota ni valora todo lo que usted hace. Tal vez haya sucedido algo que lo dejó herido. A lo mejor mira a su alrededor y no ve ninguna esperanza o salida. No desecho la validez de esos sentimientos, pero quiero decirle que nuestros sentimientos rara vez señalan con exactitud la realidad.

¿Recuerda el relato que compartí antes sobre la iglesia que yo pastoreaba, donde una niña fue violada en el autobús de la iglesia cerca de mi casa? En ningún otro lugar donde ministré como pastor tuve una peor experiencia que esa. Recuerdo que pensaba: *Señor, estoy listo para ir a servir a otra parte, donde no vea esta clase de cosas, donde mi familia no esté expuesta a tanto riesgo.*

Lo que en realidad le decía al Señor era que deseaba una iglesia agradable, segura, exitosa y próspera en otro lugar. Ahora sé cuán errados eran esos sentimientos. En efecto, al escribir estas palabras, se me llenan los ojos de lágrimas mientras recuerdo mi actitud egoísta. Durante ese tiempo desperté una noche y no pude volver a dormirme. Fui a la sala y el Señor comenzó a hablarme.

—Realmente te gustaría irte de aquí, ¿verdad?

—Sí —respondí—. Estoy listo para ir a cualquier otra parte.

—Tú no amas a estas personas, ¿verdad? Es más, les tienes miedo —me dijo.

—Así es, Señor. Solo quiero irme de aquí.

Lo que oí después me avergonzó. El Señor me dijo: "La diferencia entre tú y yo, entonces, es que yo amo a las personas de este lugar. Yo las hice, y te traje aquí para hablarles de mi amor por ellas y demostrárselo. Si tú te vas, ¿quién lo hará? Quiero que *tú* lo hagas".

Yo no necesitaba otra iglesia. Necesitaba un corazón renovado y un enfoque en el reino. Necesitaba comprender cómo obra Dios en todos los lugares con toda clase de personas para cumplir su divina voluntad.

Por eso deseo infundirle ánimo. No gaste todo su tiempo y toda su energía en busca de una salida. Alcance el enfoque en el reino y comience a vivir a pleno en la iglesia a la que sirve en la actualidad. Dios lo ama y también ama a los miembros de su congregación. Él lo envió a usted allí (sí, aun a eso tan difícil que le encomendó) para obrar en sus propósitos divinos a través de usted y en su congregación.

Necesitamos de manera imperiosa pastores y líderes de iglesias que comprendan lo que es una iglesia y estén dispuestos a trabajar para ver que ellas se constituyan en lo que Dios desea: iglesias con un enfoque en el reino por sobre todo lo demás. Cuando la iglesia que usted desea sea la iglesia que Dios desea, comenzarán a ocurrir cosas grandiosas. Una iglesia con enfoque en el reino es sencilla, eficiente y emocionante. Si usted comienza ya mismo con algunos líderes hacia un enfoque en el reino, entonces con el tiempo verá los resultados que por ahora considera potenciales.

¿Recuerda usted cómo edificó Jesús a sus discípulos como guerreros del reino? Lo hizo de forma metódica, tal como lo hizo mi mentor, el Dr. Tommy Lea, hace años. Yo estudiaba en la universidad y Tommy pastoreaba mi iglesia en Appomattox, Virginia, una iglesia sólida y de rico legado. Un domingo a la noche después del culto Tommy me pidió que leyera el libro *The Master Plan of Evangelism* [El plan supremo de la evangelización] de Robert Coleman. Me dijo que volveríamos a reunirnos para hablar del libro. Lo leí y nos reunimos por dos semanas para hablar de la evangelización y de mi responsabilidad como creyente de testificar de mi fe. Después de la segunda semana, me habló de un programa de capacitación en evangelización llamado "Evangelismo explosivo". Me explicó cómo funcionaba y me invitó a acompañarlo para aprender a implementarlo. Es probable que usted conozca el método, así que ya mismo voy al grano.

Al principio, mientras aprendía los detalles de la presentación del evangelio, salí con Tommy a hacer visitas y lo observé testificar de Cristo. Luego yo presentaba una porción del bosquejo y él cubría el resto. Pronto me tocó presentar todo el bosquejo mientras Tommy observaba. El modelo es claro y es el mismo que usó Cristo para edificar a sus discípulos como agentes del reino. En primer lugar, Tommy me enseñó sobre la evangelización. Luego me llevó consigo y lo observé mientras él testificaba de Cristo a las personas. Después lo hicimos juntos en equipo. Más tarde, yo di toda la presentación mientras él observaba. Por último, pude hacerlo solo y llevar conmigo a otro discípulo.

Más adelante me di cuenta de que Tommy hacía lo que hizo Jesús durante su ministerio terrenal. Llamó a hombres para que lo siguieran y los hizo sus discípulos. Procuró su madurez enseñándoles y capacitándolos del mismo modo en que yo fui capacitado. Por último, se multiplicó a través de ellos, y ellos pudieron hacer lo que Él hacía. En efecto, para mí la promesa más asombrosa de todo el Nuevo Testamento está en Juan 14:12, donde Jesús dice: "De cierto, de cierto os digo: El que en mí cree, las obras que yo hago, él las hará también; y aun mayores hará, porque yo voy al Padre". Jesús se multiplicaba en sus discípulos para lograr más.

Un enfoque en el reino le dará a usted la capacidad de discipular con la evangelización, los grupos pequeños, la adoración, los programas especiales y otros métodos. A quienes usted conduzca a Cristo, los ayudará a lograr la madurez mediante los grupos pequeños, la adoración, la comunión y el ministerio. Sin embargo, encaminará a los miembros de su congregación en la obra del reino cuando se multiplique en ellos para los ministerios que Dios tiene en mente. Usted tiene un llamado y una obra. Los discípulos de su iglesia también. Y un enfoque en el reino los motivará a usted y a ellos para hacer la obra.

Al viajar por el mundo, tengo el privilegio de conocer a creyentes en todo contexto imaginable. En todo lugar a donde voy, las personas desean saber por qué están en la tierra y qué desea Dios que hagan en su reino. A menudo procuramos responder esas preguntas guiándolos hacia grupos y estudios que proporcionan información pero no brindan transformación. Estudiamos y estudiamos, pero no conseguimos que se levanten cristianos para ministrar en el reino. Necesitamos conocer la verdad y necesitamos madurez. Sin embargo, también nosotros y nuestras congregaciones necesitamos equiparnos y ser enviados al mundo para impulsar el reino de Dios. Encaminar a las personas en la obra del reino no lleva mucho tiempo, o por lo menos no tanto como tardamos nosotros. Creo que a veces nos preocupamos por la pureza doctrinal y denominacional y poco nos preocupamos por la obediencia en el reino. La doctrina es esencial, pero no puede reemplazar al enfoque en el reino de Dios y el fervor de ver a personas ganadas para Cristo y transformadas a su divina semejanza. Además, los creyentes que dan testimonio no son la causa de nuestros problemas doctrinales. La doctrina de ellos está bien porque está centrada en la Gran Comisión.

No voy a disculparme por lo que acabo de decir, en especial cuando miro a mi alrededor y veo a tantos pastores agobiados que conducen iglesias agobiadas. Si a usted le va bien, probablemente no necesite un libro con una exhortación como esta, pero muchos de nosotros la necesitamos... y con desesperación. Necesitamos un enfoque en el reino para que nosotros como líderes y nuestras congregaciones como siervos cumplamos lo que Dios desea que se haga en esta generación. Ya mismo debemos levantar la mira y el criterio, y con ello debemos mejorar nuestras expectativas. Por largo tiempo nos hemos adaptado a nuestra cultura y nos hemos concentrado en los que menos hacen. Ahora tenemos que concentrarnos en quienes lograrán más, en los santos de Dios que estén dispuestos a movilizarse, que estén listos para ser transformados y equipados para el ministerio. Concentrémonos en poner tanto del reino de Dios en ellos y tanto de ellos en el reino como sea posible, en el lapso más breve posible.

Tal vez usted se sienta como Moisés en el desierto: solo, agobiado, inútil y necesitado de orientación y confianza. Quizás sus ovejas valgan tanto como las de Moisés mientras lo seguían de un sitio a otro en busca de pasto y agua. Usted recuerda lo que sucedió, ¿verdad? Cuando Dios comenzó a manifestarse en la vida de este hombre, le dio una imagen del futuro tan grandiosa que Moisés ¡temió por su vida! Nunca podría haber imaginado ni soñado lo que Dios planeaba para él y los israelitas. Creo que lo mismo se aplica a usted hoy día. Dios tiene una voluntad y un plan para usted y su iglesia. No está encadenado a un plan de acción determinado que impida a usted y a sus discípulos cumplir lo que Dios desea, más de lo que los israelitas habían sido esclavizados por el faraón de Egipto, para siempre y sin esperanza. Como Moisés, tampoco ellos podían ver lo que Dios se había propuesto hacer.

¿En qué se distinguió la experiencia de Moisés? En primer lugar, tuvo un refrescante encuentro con Dios, y oyó personalmente lo que el Señor planeaba hacer. Luego comprendió que Dios lo iba a usar para hacer algo insólito y extraordinario que cambiaría la historia del mundo. Con frecuencia, ocultas tras los acontecimientos dramáticos del Éxodo, encontramos las palabras de Dios por las que todo tiene sentido. Están registradas en Éxodo 19:1–6. Los versículos 4–6 brindan la clave para comprender lo que Dios hacía:

> Vosotros visteis lo que hice a los egipcios, y cómo os tomé sobre alas de águilas, y os he traído a mí. Ahora, pues, si diereis oído a mi voz, y guardareis mi pacto, vosotros seréis mi especial tesoro sobre todos los pueblos; porque mía es toda la tierra. Y vosotros me seréis un reino de sacerdotes, y gente santa. Estas son las palabras que dirás a los hijos de Israel.

¡Es increíble! Desde el principio, el Señor deseaba escoger un pueblo. Sería su reino, sus sacerdotes y una nación para Él entre todas las de la tierra. Todo lo que Él hizo era para ellos y por esta razón: Él hizo de ellos un reino, el reino de Dios y les dio un enfoque en el reino de Dios.

De seguro ya habrá quedado claro que el reino de Dios es la soberanía de Él sobre todas las cosas del universo. Es la presencia personal de Dios en y sobre todo lo creado. Llega a nosotros por revelación, de la cual la mayor expresión se experimenta en Jesucristo. Está ligado en forma vital a nuestra vida y desea que lo conozcamos y estemos con Él para siempre. El reino de Dios es el mensaje y la realidad que Jesús trajo a la tierra para darnos paz y seguridad eterna. En este mundo, es lo que cada persona anhela y puede tener al conocer a Cristo como Señor. Fue el deseo de la filosofía griega, de la legislación romana y de la religión hebrea. La sabiduría de Dios es Jesús, la ley de Dios es el Señor Jesucristo y la adoración de Dios es por medio de Jesucristo, nuestro Señor.

Ernesto descubrió una idea grandiosa e inspiradora para su iglesia. Esto es algo esencial porque a nadie le interesa una idea aburrida. No obstante, Ernesto también descubrió cómo enfocar lo que está fuera de foco. Eso habla de una idea al alcance de uno y hace que la visión del futuro sea más creíble, de otra manera, todo lo que se logra es una ilusión espiritual. Combine las dos características: que sea convincente y esté al alcance de uno, y tendrá lo que necesita. Es lo que Ernesto siempre anheló. Y lo encontró en la iglesia con enfoque en el reino.

Concluimos este libro con la verdad del reino de Dios en Cristo y nuestro llamado. Un rey nos llama y nos envía a establecer su reino en la vida de hombres y mujeres, muchachos y niñas, de a uno a la vez. A medida que los ganemos, los equipemos y los enviemos, estaremos estableciendo su reino.

Es probable que este libro no contenga cosas que le resulten novedosas. Sin embargo, confío en haberle brindado la verdad y el ánimo para enfocar su vida, su ministerio, su iglesia y su congregación en el reino de Dios. Con un enfoque en el reino no se equivocará. Ninguno de nosotros está exento de dificultades y pruebas, pero ninguno tiene que quedarse donde esté. Usted puede librarse de esa situación y también puede hacerlo su iglesia.

Mi oración es que usted y su iglesia se movilicen con fe, en la certeza del poder de Dios y la promesa de que Él lo usará a usted para cumplir la Gran Comisión y establecer su reino en la vida de multitudes por medio de Jesucristo nuestro Señor.

> Y el Dios de paz que resucitó de los muertos a nuestro Señor Jesucristo, el gran pastor de las ovejas, por la sangre del pacto eterno, os haga aptos en toda obra buena para que hagáis su voluntad, haciendo él en vosotros lo que es agradable delante de él por Jesucristo; al cual sea la gloria por los siglos de los siglos. Amén (Heb. 13:20–21).

Dios lo bendiga y bendiga su obra. Espero que pronto nos encontremos en los campos listos para la siega.

Notas finales

Capítulo 3

1. John Kramp, *Getting Ahead by Staying Behind* [Quedarse atrás para poder avanzar] (Nashville: Broadman & Holman Publishers, 1997), 4, 21.

Capítulo 5

1. Gene Mims, Tuyo es el reino (Nashville: LifeWay Press, 1997), 11.
2. Dallas Willard, *Renovation of the Heart* [La renovación del corazón], (Colorado Springs: NavPress, 2002), 23.

Capítulo 6

1. Augustus H. Strong, *Systematic Theology* [Teología sistemática], (Philadelphia: American Baptist Publication Society, 1909), 3:890.
2. Gene Mims, *The 7 Churches NOT in the Book of Revelation* [Las siete iglesias que no están en el Apocalipsis] (Nashville: Broadman & Holman Publishers, 2001).

Capítulo 9

1. Gene Mims, *Kingdom Principles for Church Growth* [Principios del reino para el crecimiento de la iglesia], (Nashville: Convention Press, 1994).

2. Rick Warren, *Una iglesia con propósito: Cómo crecer sin comprometer el mensaje y la misión* (Editorial Vida, Miami, Florida, 1998).

Capítulo 11

1. Los cinco principios básicos se adaptaron de la fórmula de cinco pasos para organizar una escuela dominical, de Arthur Flake: descubrir las posibilidades, ampliar la organización, proporcionar el lugar, capacitar a los obreros y visitar a los candidatos.

Capítulo 14

1. La estrategia POR FE se basa en la sigla del plan evangelístico: "Perdón", "Obtenible", "Repudia", "Frenar", "Eterna". La estrategia POR FE es la combinación de la escuela dominical con la evangelización. Para obtener más información sobre dicha estrategia, visite el sitio web http://www.lifeway.com/spanish.